# INTERPRETACIÓN

# DE LOS

# — SUEÑOS —

© Editores Mexicanos Unidos, S.A.
Luis Gonzaléz Obregón 5-B
C.P. 06020 Tels: 521-88-70 al 74
Miembro de la Cámara Nacional
de la Industria Editorial, Reg. No. 115
La presentación y composición tipográficas
son propiedad de los editores.
Prohibida la reproducción total o parcial
sin permiso de los editores

ISBN 968-15-0185-3

Edición 2002

Impreso en México
*Pinted in Mexico*

FRANCISCO SOLARIS

# INTERPRETACIÓN

# DE LOS

# — SUEÑOS —

Colección
**Punt○Azul**

*editores mexicanos unidos, s.a.*

# A

### ABAD.
Escucha los consejos de una mujer mayor.

### ABADÍA.
Soñar con ella significa inquietudes morales, intelectuales o sentimientos. Pero si sueña que la abadía está en ruinas tenga por seguro que sus penas o dificultades terminarán en breve plazo.

### ABANDONADO.
Soñar que nos abandonan en actos, situaciones difíciles de nuestra vida, o bien en un camino o paraje solitario, es aciago signo de que la tristeza invade nuestra alma. Pero desde luego, podremos salir avantes, teniendo fortaleza en el corazón y la mayor voluntad de vencer.

### ABANDONO.
Abandonar a la esposa, hijos o familiares, es sueño que habrá de ponernos en guardia para rectificar nuestra mala conducta. Si se trata de animales u objetos personales, procuremos cuidar nuestra salud. En cambio, si nos abandonan personas ricas y pudientes, nuestra situación mejorará notablemente.

### ABANICO.
Tener un abanico en la mano, siendo mujer quien sueña, le esperan perfidias y rivalidades que pueden terminar en matrimonio. Pero si el abanico está roto, recibirá desengaños. Ver un abanico o estar abanicándose con él, significa contrariedades o desaveniencias, las cuales podrán vencerse y resolverse siempre que nos lo propongamos con firmeza.

5

## ☾ ABATIMIENTO.

Aunque soñar que uno se siente abatido demuestra carácter apocado, no deberá sentir desánimo por los reveses que puede tener, ya que éstos se vencen con la perseverancia.

## ❧ ABEDUL.

Hallazgo de una protección que hará triunfar.

## ☾ ABEJAS.

Son señal de dinero y de prosperidad. Si nos pican, algún pariente o amigo nos perjudicará. Matar una abeja acarrea desgracia. Si nos ofrecen su miel, prosperidad en el hogar. Nos espera un bienestar, no sólo en lo particular, sino en el seno de la familia, como corolario de nuestro trabajo honrado y constancia en desearlo.

## ❧ ABEJORRO.

(Ver). La persona amada planea alguna locura.
(Cazar, matar). Se conseguirá impedir que lo ponga en práctica.

## ☾ ABETO.

Cuantos más abetos se hayan soñado, tantos más años se vivirá y gozará de buena salud.

## ❧ ABISMO.

Caer en él presagia grandes desgracias; pero si logra salvarse, se librará de un grave peligro que le acecha.

## ☾ ABLANDAR.

Tendrá que cuidar a un animal extraño.

## ❧ ABOGADO.

Soñar con él es señal de malas noticias, así como platicar con él demuestra que perderá el tiempo. Si éste defiende alguna causa o juicio que le atañe a usted, malas consecuencias. Este sueño le avisa que debe cuidar sus intereses y no confiar en cierta persona que le rodea y mucho le agasaja.

☾ *ABONAR.*
Salud peóspera, fortuna creciente.

☄ *ABONO.*
Herencia cuantiosa que se poseerá si se compra, usa o toca un abono. Si solamente se ve, la herencia será para un conocido.

☾ *ABORDAJE.*
Disputa violenta entre yerno y suegra.

☄ *ABORDAR.*
Negocio u operaciones que llegarán a buen fin.

☾ *ABORTO.*
Soñar una mujer que tiene o se provoca un aborto, es anuncio de grandes contrariedades y desgracias.

☄ *ABRAZAR.*
Este acto que se le represente en sueños, tanto si lo ejecuta con familiares o amigos, es cierto indicio de amor y de paz con las personas a quienes abraza. Si a quien abraza es una mujer, buena suerte.

☾ *ABREVADERO.*
Verlo es signo de tranquilidad. Abrevarse en él, pérdida de dinero aunque no muy cuantiosa. Si beben animales, presagio de gratas noticias. Con el agua clara, símbolo de alegría; turbia, indica la llegada al mundo de un familiar.

☄ *ABRIGOS.*
(albornoces, gabanes, etc.). Significa que se puede contar con la abnegación de un buen amigo.

☾ *ABUELOS.*
Soñar con un abuelo sonriente (o antepasados familiares) significa satisfacciones; verlo triste, amarguras. Soñar con los dos, deben recordarle el cumplimiento de un trabajo o promesa olvidados.

**ABUNDANCIA.**

Si en el sueño aparece que una persona posee abundancia en bienes, debe esperar todo lo contrario, ya que tendrá que sufrir penalidades y escaseces.

**ACABAR.**

(un trabajo). Próximo retorno.

**ACACIA.**

Verla, significa amor leal y nobles afectos. En cambio, si la huele, anuncia noticias desagradables.

**ACADEMIA.**

Si te ves como alumno, pasarás por una prueba médica. Si te ves profesor, alguien te confía sus secretos.

**ACANTILADO.**

(ver). Grandes dificultades, sobre todo si uno se halla al pie del mismo.

**ACAPARAR.**

Tendrá que sufrir por la avaricia de una persona.

**ACCIDENTE.**

Sufrir un accidente no es de buen presagio, pero si logra evitarlo, no correrá peligro alguno.

**ACEITE.**

Derramarlo es de grave presagio; si lo toma, estará usted en peligro de enfermedades. Si lo fricciona a alguna persona, no tardará en tener que ayudarla; si se lo untan a usted, pronto recibirá la amistad o apoyo de quien lo hace.

**ACEITUNAS.**

Tendrá paz y tranquilidad con quienes le rodean.

**ACERO.**

Muy pronto lo van a ascender en el trabajo.

**⌣ *ACIDOS.***
Disputas.

**☾ *ACLAMACIONES.***
Éxito fugaz, incluso si van dirigidas a uno mismo.

**⌣ *ACOMPAÑAR.***
Paseando con alguien es de mal augurio. Acompañar al piano u otro instrumento, estemos preparados para recibir confidencias de una persona, las cuales no habremos de divulgar para evitar el tener que arrepentirnos de nuestra indiscreción.

**☾ *ACORDEÓN.***
Tocarlo asegura éxito en asuntos amorosos. Si lo escucha, recibirán sus oídos secretos de enamorados. También puede augurar una fiesta familiar cercana.

**⌣ *ACOSTARSE.***
Con persona desconocida y de otro sexo, indica obstáculos en sus negocios. Con su esposo, malas noticias; con la esposa, alegría y felicidad.

**☾ *ACRÓBATA.***
Es símbolo de buena salud, pero si sus acrobacias fracasan, pérdida de dinero y perjuicios. En cambio, si es usted quien practica las acrobacias, triunfará en un asunto o negocio que le parecía aventurado.

**⌣ *ACTOR, ACTRIZ.***
Si es usted quien actúa, tendrá probabilidades de éxito en sus asuntos. Soñar con actores, simple signo de placeres y diversiones; pero si éstos son conocidos y populares, ha de procurar reconciliarse con la persona a quien haya ofendido o despreciado recientemente. Procure evitar ningún juego de azar.

☾ *ACUARIO.*
Magnífico sueño, presagio de fortuna y de felicidad perdurables.

⌣ *ACUEDUCTO.*
Anuncia magníficos viajes, pero siempre que el acueducto esté en buen estado de conservación. Por otra parte, desconfíe de supuestos amigos que pueden perjudicarle.

☾ *ACUERDO.*
(de cualquier clase). Pronóstico favorable para la realización de un deseo.

⌣ *ACUSAR.*
(a alguien). Lucha con un terrible enemigo.

☾ *ACUSADO.*
Vale más ser acusado que acusar. En el primer caso es un presagio feliz; en el segundo augurio de fracasos y de inquietudes.

⌣ *ADÁN.*
Visita de un pariente anciano.

☾ *ADELGAZAR.*
Pérdida de bienes o de salud.
(ver a alguien). El mismo augurio referido a un conocido.

⌣ *ADICIÓN.*
Si soñamos que estamos sumando, procuremos evitar cualquier clase de juego, ya que la suerte nos volverá la espalda.

☾ *ADIÓS.*
Si es que nos despedimos de una persona, nos tardaremos en volverla a ver. Recibir adioses, significa el alejamiento de alguien que no nos es grato.

⌣ *ADIVINO.*
(consultorio). Ver *Cartas, Sonámbulo*, etc.

☾ *ADIVINAR.*

Si usted está consultando con un adivino, significa que tiene grandes tensiones en su hogar. Si le está usted adivinando algo a otra persona o le está echando las cartas, esa persona, en la vida real, le ayudará en un problema.

☽ *ADJUDICACIÓN.*

(en su favor). Mal negocio. Ver *Venta.*

☾ *ADMIRACIÓN.*

Si quien sueña es admirado, es señal lisonjera. En cambio, si es quien sueña el que admira a alguien, se hallará en situación desagradable.

☽ *ADMIRAR.*

Dominio de otra persona.

☾ *ADOPTAR.*

(un niño). Estima pública.

☽ *ADORAR.*

(a Dios). Conducta normal.

☾ *ADORNO.*

Si se ve recargado de adornos brillantes, le van a favorecer con un testamento. Si contribuye a adornar a alguien, compartirá un premio de lotería con sus compañeros. Si compra adornos, significa risas.

☽ *ADULACIÓN.*

(recibida). Burlas a escondidas.

(que se hace). Esta diligencia es inútil.

☾ *ADULTERIO.*

Ver acostarse, alcoba, amor y amante.

(cometer adulterio). Pasión esclavizante.

(ser víctima de). Buena suerte en el juego.

☽ *ADVERTENCIAS.*

Consejo que será desoído.

☾ **AEROLITO.**
Encuentro.

✓ **AFEAR.**
Abuso de placeres que dejará sentir sus efectos y marcará huellas.

☾ **AFEITARSE.**
Si usted afeita a otra persona o bien es usted mismo quien lo hace, es señal de pérdidas, tanto en salud, honores o bienes.

✓ **AFILADOR.**
El estar una persona afilando, advierte pérdida de una buena amistad. Si es otra quien lo hace, motivo de disgusto. Si se trata del propio afilador, su sueño será de buen augurio.

☾ **AFLICCIÓN.**
Si es usted quien sueña tenerla, triunfará sobre malvados enemigos que le acechan.

✓ **AFLOJAR.**
(algo). Empresa, conquista que será abandonada.

☾ **AFONÍA.**
Si la sufre en la vida real, debe ser más prudente y comedido.

✓ **AFRENTA.**
Si en su sueño es usted quien la sufre, pronto habrá de beneficiarse con éxito inesperado. En cambio, si afrenta a otra persona, procure guardarse de un grave peligro.

☾ **AGATA.**
Regalo.
Ver *Piedras preciosas*.

✓ **AGENCIA.**
(tener negocios con ella). Se caerá víctima de una estafa.

☾ *AGENDA.*
Es necesario que se emplee mejor el tiempo.

☽ *AGENTE DE CAMBIO.*
Gran pérdida de dinero si se concede confianza a la persona que intente conseguirla.
(de policía). Temor o peligro de ser robado.
(deteniendo a otros o a uno mismo). Traición, rebelión, huida de un enemigo peligroso.

☾ *AGILIDAD.*
Se escapará de una trampa.

☽ *AGITACIÓN.*
Si es usted quien la sufre, espere un próximo bienestar, particularmente en dinero.

☾ *AGITAR.*
Dudas.

☽ *AGONÍA.*
Verse agonizar uno mismo, indicio de buena salud. Ver a otra persona, señal de que alguien piensa en usted tratando de favorecerle.

☾ *AGOTAMIENTO.*
Enfermedad debida a un exceso de trabajo.

☽ *AGRESIÓN.*
Si a usted lo agreden, espere un aumento en su caudal. Si es usted quien lo hace, tendrá fallos en sus proyectos.

☾ *AGRICULTOR.*
Grato sueño que le asegura salud y felicidad. Llegada de buenas noticias.

☽ *AGRICULTURA.*
(ver a otros entregarse a ella). Alegre reunión de amigos.
(ocuparse uno mismo). Felicidad duradera; fortuna regular, pero sólida.

## ☾ AGUA.

En sueños, el agua simboliza la vida. Si la bebe fría, gozará de tranquilidad y de buenas amistades. Caliente, indica sinsabores y desengaños de sus enemigos. Si el agua es estancada y sucia, grave enfermedad. Caminar por encima del agua, felices acontecimientos. Derramarla, disgustos y penas. Nadar, augurio de gratas diversiones.

## ✆ ÁGUILA.

(combatirla). Peligro cercano.

(verla o huir de ella). Augura un gran éxito.

## ☾ AGUINALDO.

(dar). Se recibirá un regalo.

(recibir). Aguinaldo considerable si en sueños se recibió poco y viceversa.

## ✆ AGUJAS.

(de coser). Chismes.

(de calceta). Murmuración.

(pinchar a alguien o pincharse). Virtud bien o mal defendida.

(rota). Pérdida del empleo, huelga.

## ☾ AGUJERO.

Si sueña que su casa está llena de agujeros, es aviso de que algún familiar suyo realizará un próximo viaje.

## ✆ AGUJETAS.

Ver *Cansancio*.

## ☾ AHIJADO.

Ver *Padrino*.

## ✆ AHOGADO.

Soñar que es usted quien se ahoga, es augurio de ganancias en sus negocios. Si se trata de otra persona, señal de triunfos y éxitos.

**☾ AHOGAR.**
(a alguien). Triunfo sobre un rival.
(ser ahogado). Lo contrario del anterior.
(de calor). Aumento de doce kilos en seis meses.

**✎ AHOGARSE.**
Abandono o pérdida de posición.
(Ver a un ahogado). El augurio se refiere a un conocido.

**☾ AHORCADO.**
Siendo usted quien pende de una horca, le traerá satisfacciones amorosas. Si se trata de otras personas, los satisfacciones las recibirá en forma de mejoramiento en su actual posición.

**✎ AHUMAR.**
Intrigante cogido en sus propias redes.

**☾ AIRE.**
Aire puro augura reconciliaciones, amistades y mucha prosperidad para la persona que sueña. Respirar aire perfumado por las flores de un jardín vida sana y provechosa. En cambio, el aire mefítico, señala a próximas enfermedades.

**✎ AJEDREZ.**
Jugar al ajedrez vaticina altercado con alguno de sus amigos.

**☾ AJOS.**
(ver o comer). Discusiones.
(cocidos). Reconciliación, acuerdos.
(recoger o plantar). Contrato.

**✎ ALAS.**
(verlas en animales que no tienen o en monstruos). Atención a determinada persona dominante.

**☾ ALACRÁN.**
Soñar con un alacrán es augurio de inquietudes y angustias. Sin embargo, si usted lo mata, su situación finan-

ciera mejorará notablemente. Bien sea por lotería, herencia o regalo inesperado.

### ❤ ALBAÑIL.

(ver). No más dudas, hay alguien que trabaja en provecho de uno mismo; víctima de un accidente; defunción cercana de un pariente que hay que heredar.
(hacer edificar por cuenta propia). Pérdida fabulosa de dinero.

### ☾ ALBINOS.

Calvicie prematura.

### ❤ ALBORADA.

Empieza una felicidad que durará siempre.

### ☾ ALBORNOZ.

Indica que necesita una cura de sueño.

### ❤ ALCATRAZ.

Toda persona soltera que sueñe con alcatraces, deberá esperar decepciones sentimentales, tanto por parte de la novia como del pretendiente.

### ☾ ALCANFOR.

(ver). Hay que calmar la excitación.

### ❤ ALCOBA.

(abierta). Cita.
(cerrada). No se acudirá a la cita.
(si dentro hay una mujer). Adulterio.

### ☾ ALCOHOL.

En general, el alcohol y derivados anuncian preocupaciónes, especialmente si se beben.
(si se queman). Diversiones entre amigos.

### ❤ ALEGRÍA.

El mismo significado que el sueño.

**☾ ALFABETO.**

(ver o leer). No hay que creerse superior a lo que en realidad se es.

**✎ ALFILER.**

Soñar con alfileres es malo, ya que sus enemigos pueden causarle sinsabores y desgracias. Si se pincha con un alfiler, tendrá una pequeña desavenencia.

**☾ ALFOMBRA.**

Ver una alfombra, indica peligro de enfermedad gástrica producida por alteraciones del sistema nervioso; y si sueña que la está barriendo, perturbaciones mentales. Pero si siente que camina sobre ella, indica bienestar y tranquilidad.

**✎ ÁLGEBRA.**

(Dedicarse a ella). Trabajo poco remunerativo.

**☾ ALGODÓN.**

(En hilo, madejas, etc.). Se recibirán muchas atenciones.

(En tela). Afecto regular que no resistirá los embates de la suerte.

**✎ ALHELÍ.**

Intercambio de bofetadas con motivo de un desengaño amoroso.

**☾ ALIENTO.**

(perfumado). Placer de amor.

(maloliente). Besos dados a regañadientes.

(perder). Se emprenden aventuras por encima de las propias fuerzas.

(alentar). Momento de preocupación o de sufrimiento.

(oír un suspiro sin ver a nadie). Inspiración de lo alto.

(alentar sobre alguien en la boca, ojos, etc.). Consejo y ayuda de un amigo abnegado.

**✎ ALIMENTOS.**

Verlos preparar o comer tiene la misma significación, en general, hallazgo o herencia.

☾ *ALMA.*
Inspiración genial.

☜ *ALMACÉN.*
Préstamo que no será devuelto.

☾ *ALMACENAR.*
Aumentar los bienes.

☜ *ALMANAQUE.*
Se hará una gran estafa.

☾ *ALMENDRAS, ALMENDRO.*
Pecado cierto, especialmente si se cogen los frutos del árbol y se comen. Ver *Árboles frutales.*

☜ *ALMIDÓN.*
Confesión.

☾ *ALMOHADA.*
(ver). Una persona apática molestará por su debilidad.
(sentarse encima). Se está demasiado pagado de uno mismo.

☜ *ALONDRA.*
Si está en pleno vuelo, presagio de elevación y de buena fortuna. Posada en el suelo, bruscos cambios en su trabajo.

☾ *ALTAR.*
Dejadez, abandono.

☜ *ALTO, ALTURA.*
Encontrarse en un lugar elevado, a menos que se corra peligro, es siempre un buen augurio en cuanto a mejorar de posición. Ver Montaña, Ascensión, Escalar, etc.

☾ *ALUCINACIÓN.*
Durante el día se recibirá una gran sorpresa.

☜ *ALUMBRAR.*
Tomadura de pelo.
(ser alumbrado). Informe sobre algo que interesa.

☾ **ALUMINIO.**
Adquisición de un objeto deseado.

☾ **AMANTE.**
Simpatia que debe ser ajena a todo recelo.

☾ **AMANTES.**
(ver). Pasión paciente.

☾ **AMAPOLA.**
El carácter generoso y quijotesco conquistará los corazones.

☾ **AMARGURA.**
(De licores o manjares). Indisposición.

☾ **AMARILLO.**
Ver objetos que llaman la atención por su color amarillo anuncia infaliblemente una traición.

☾ **AMARRAR.**
(una barca). Temporada de descanso.

☾ **AMATISTA.**
Suerte en los negocios, brillante posición.

☾ **AMAZONA.**
(ver). Amor imposible.
(ser). Próxima resolución.

☾ **ÁMBAR.**
(joya o perfume). Promesas falsas.

☾ **AMBULANCIA.**
No tardará en conocer la muerte violenta de alguna persona querida.

☾ **AMÉN.**
(pronunciar esta palabra u oirla). Buen desenlace del negocio o amistad que procura.

**☾ AMENAZAS.**
(proferir). Excusas.
(recibir). Implorarán el perdón.

**☽ AMIGO O AMIGA.**
Uno, efecto duradero; dos, traición; muchos, invitación de un buen amigo.

**☾ AMISTAD.**
Soñar una amistad duradera augura relaciones sólidas.

**☽ AMONESTACIÓN.**
(de matrimonio). Grave dolencia.

**☾ AMOR.**
(soñar un amor verdadero, afecto material, filial, etc.). Es siempre pronóstico excelente y firmeza en los afectos, si se trata de sentimientos buenos y serios. Ver *Amorío, Pasión*, etc.

**☽ AMORÍO.**
Próxima disputa.

**☾ AMOS.**
El carácter real será el contrario del que se muestra en sueños.

**☽ AMPUTACIÓN.**
Si quien la sueña la sufre, presagio de pérdida de bienes. Verla practicar, muerte de un ser querido.

**☾ ANÁLISIS.**
(gramatical). Desconcierto.

**☽ ANCHO.**
Ver traje, calzados o cualquier objeto muy ancho augura que los gastos serán menores de lo previsto.

**☾ ANDAMIO.**
Soñar con andamios es símbolo de ruinosos negocios.

**ANDAR.**
Se alcanzará el objetivo con mayor o menor rapidez, según se ande más aprisa o más despacio.
(no poder). Proyecto fracasado.
(sobre las manos o cabeza abajo). Estafa.
(rápido). Pronostica que los deseos se cumplirán felizmente.

**ANDRAJOSO.**
(ver a alguien). Si es un hombre indica pérdida de fortuna de un conocido; si es mujer, pérdida de la reputación. Cuando se ve uno mismo cubierto de andrajos, la amenaza es contra el soñador.

**ANEMIA.**
Dilapidación de los ahorros.

**ÁNGEL.**
Si en los sueños aparecen ángeles, siempre traerán buenos presagios. Soñar con uno solo, significa que tendremos una poderosa protección que nos ayudará a obtener riquezas y honores. Verlo volar, es símbolo de prosperidad y de goces. Si son varios, tendremos que rectificar nuestra conducta para lograr su maravillosa protección.

**ANGINA.**
Secreto difícil de confesar.

**ANGUILA.**
Encuentro estéril. Ver *Pescados.*

**ÁNGULO.**
Éxito conseguido con voluntad, perseverancia y energía.

**ANILLO.**
(cualquiera). Signo favorable; se cumplirá el deseo de compromiso o de boda; certeza de este desenlace.
(roto). Ruptura, divorcio.

**ANIMAL.**

Si se sueña que se está alimentándolos, buena fortuna y prosperidades. Si sólo los ve, aviso de noticias de personas ausentes.

(que habla). Restablecimiento de un enfermo. Ver *Asno, Caballo, Cabra,* etc., según sea el animal.

**ANÍS.**

Consuelo del disgusto, si se bebe.

**ANTEOJOS.**

Presagian desgracias o tristeza.

**ANTEPASADOS.**

Racordarlos en sueños, desgracia familiar. Verlos, disgustos promovidos por parientes.

**ANTIGÜEDADES.**

(ver, *Comprar* o *Vender*). El espíritu rutinario hará perder la ocasión de un buen negocio.

**ANTORCHA.**

Discordia.

(encendida). Se mueren de amor por uno mismo.

(apagada). Ya se han cansado de cortejar.

**ANTROPÓFAGO.**

Invasión de amigos o familiares que lo arruinarán.

(ser). Parasitismo.

**ANUNCIOS.**

(hacerlos). Cambio de situación.

(leerlos). Objeto encontrado.

**ANZUELO.**

Es síntoma de que no tardará en recibir noticias sobre desagradables asuntos relacionados con su matrimonio.

**AÑO NUEVO.**

Se recibirán muchos regalos.

**⌣ APAGAR.**

(cualquier cosa). Fin de una pasión tanto más violenta cuanto mayor era el fuego que se apagó.

**☾ APARADOR.**

Regalo de un objeto artístico.

(lleno). Bienestar conquistado por el trabajo.

(cerrado). Escasez momentánea.

(vacío). Baile entre familiares.

**⌣ APARICIÓN.**

(de una persona muerta). Recuerdo de un deber que ha de cumplirse.

(sobrenatural). Inspiración feliz.

(espantosa). Ver *Fantasma*.

**☾ APÉNDICE.**

Tener en sueños dolores de apéndice, indica próximo matrimonio, si es persona soltera quien lo sueña. En el caso de estar casada, deseos de ser más amada por su cónyuge.

**⌣ APERITIVO.**

Disgustos, que serán más graves si se llega a beber.

**☾ APETITO.**

La ganancia que se tramita está asegurada.

**⌣ APIO.**

Si usted sueña que come apio, pronto habrán de presentárseles graves preocupaciones en su vida. Si sólo lo ve, es anuncio de infidelidad conyugal.

**☾ APLASTADO.**

(nariz aplastada). Sorpresa durante el día.

**⌣ APLASTAR.**

(a alguien o verlo). Triunfo sobre un enemigo, un rival, un competidor, etc.

**☾ APLAUDIR.**
Nuestros méritos serán reconocidos.
(ser aplaudido). Lo contrario.

**☽ APLAUSOS.**
(en el teatro). Adulan con miras interesadas.

**☾ APLICARSE.**
(en un trabajo). Muy pronto se tendrá una gran satisfacción.

**☽ APOPLEJÍA.**
(en un ataque). Gran cólera.
(de otro). Motivada por uno mismo.

**☾ APÓSTOL.**
Ver *Santo*.

**☽ APRISCO.**
Noviazgo que acabará en boda.
(invadido por lobos). Agresión que sufrirá la persona amada.

**☾ APUESTA.**
Procure no cometer ninguna ligereza que pueda perjudicarle.

**☽ ÁRABE.**
(ver un). Fidelidad de la persona más querida.

**☾ ARADO.**
Buena administración de los bienes.
(si se ve usarlo). Alguien pondrá al descubierto las buenas cualidades propias.
(conducirlo uno mismo). Porvenir asegurado.

**☽ ARAÑA.**
Soñar que está tejiendo su red, es premonición de calumnias y de líos judiciales. Si la mata, desenmascarará a los enemigos que le rodean.

C✦ **ARAÑAR, ARAÑAZO.**
Disputa entre amigos.

❤ **ARAÑAZOS.**
Disgustos, lágrimas secadas muy pronto.

C✦ **ÁRBITRO.**
Es mejor seguir el sabio consejo que nos han dado.

❤ **ÁRBOLES.**
En general son un pronóstico favorable según su belleza, pero los significados son distintos según la especie. Ver *Bosque, Leño,* etc.
(arrancar). Ruina inminente.
(frutales). Cargados de fruta pronostican un próximo amor.
Si florecen, amor naciente.
Si son estériles, ocasión desperdiciada.
Recoger o comer sus frutos, pecado cierto.
Arrancarlos, separación que costará un gran disgusto.
Ver el significado particular de cada especie.

C✦ **ARBUSTOS.**
El mismo significado que árboles, aunque debilitado, proporcionalmente a su tamaño.

❤ **ARCA.**
Si se sueña con la de Noé, pronto tendrá noticias de una muerte inesperada.

C✦ **ARCO.**
Disparar una flecha con el arco, señal de consuelo y alivio de sus penas.

❤ **ARCO IRIS.**
Tiene un bello significado de paz y de tranquilidad, en particular para todos aquellos que lo sueñan y ya son personas mayores.
Si lo ve por el Oriente, representa dicha para los pobres y enfermos; por el Occidente, sólo es de feliz augurio para los ricos.

### ☾ ARDER.

Significa oportunidad para hacer un buen negocio.

### ☽ ARDILLA.

(enjaulada). Conquista de una persona dulce, graciosa, pero cuya curiosidad puede perjudicar.

(libre). Amorío sin consecuencias.

### ☾ ARENA.

Escena familiar desagradable; dificultades que ellas mismas se allanarán; existencia agradable y fácil, que un embate del destino destruirá.

### ☽ ARMARIO.

Si está cerrado pronostica riquezas; abierto, deberá tener cuidado con los ladrones. Vacío, posibles querellas que procurarán evitarse para no llegar a males mayores; lleno, su felicidad conyugal peligra. Si el armario es de luna, sufrirá la deslealtad de una persona amiga.

### ☾ ARMAS.

(verlas, llevar o usarlas contra enemigos). Pública consideración.

(atacar a un débil). Celos.

(ser atacado). Amenaza una traición.

### ☽ ARMIÑO.

Fidelidad y pureza en la persona amada.

### ☾ ARMÓNICA.

Mujer que languidece aguardando una declaración de amor.

### ☽ ARMONIO.

Se es amado apasionadamente y muy pronto se recibirá una agradable proposición de matrimonio.

### ☾ ARPA.

Símbolo de consuelo para una persona enferma. Debemos desconfiar de alguna mujer que nos ronda con malas intenciones.

**ARPÓN.**
Un inoportuno hará perder el tren o llegar tarde a una cita.

**ARRASTRAR.**
(a alguien). Se dará un mal consejo o un mal ejemplo.
(ser arrastrado). Será recibido.

**ARRENDAMIENTO.**
Indica que no tardará en firmar un contrato favorable, tanto de renta como de trabajo.

**ARREPENTIRSE.**
Falta que acarreará consecuencias vergonzosas.

**ARRESTO.**
Si uno sueña estar arrestado, demuestra falta de dedicación en el trabajo.

**ARRODILLARSE.**
(delante de una mujer). Amorío.
(delante de un hombre). Ofensa.
(en cualquier otro caso). Propósito perverso contra uno mismo.
(ver a otros). Se recibirán reproches.

**ARROYO.**
Si es de agua clara, logrará un empleo lucrativo y honroso; si es de agua turbia, significa desgracia y enfermedades.

**ARROZ.**
Plantar arroz simboliza ganancias y éxitos. Si la persona que sueña se encuentra delicada, el soñar arroz significa que pronto curará de sus males. Si ofrece un plato de arroz a alguien y éste lo acepta y se lo come, no tardará en hallar quien le brinde su apoyo, contribuyendo a su progreso y bienestar.

**ARRUGA.**
Si en el sueño se ve con arrugas, significa temor a envejecer. Si se ve con ropas muy arrugadas, indica que te rodea un ambiente muy aburrido.

**◟ ARSÉNICO.**
(ver o tomar). Melancolía.

**☾ ARTIFICIO.**
(juego de). Sorpresa feliz.

**◟ ARTISTA.**
Si se ve convertido en artista, le gustan los placeres. Si sueña con un artista conocido, puede ver algo relacionado con su vida.

**☾ ARZOBISPO.**
Soñar con él anuncia próxima muerte.

**◟ AS.**
Si en el juego le toca un as, espera una gran noticia.

**☾ ASA.**
Ver un asa, en general, es indicio de protección que usted habrá de recibir en breve. Si se trata del asa de un jarro que llevamos y éste se nos rompe, anuncio de próxima boda.

**◟ ASALTO.**
Si se sueña que lo presencia, habrá motivo de duelo. Si toma parte en él, pronto sabrá de un hecho digno de alabanza.

**☾ ASAMBLEA.**
(de mujeres). Boda.
(de hombres). Disputa.
(de hombres y mujeres). Se romperá el compromiso matrimonial.

**◟ ASAR.**
(Algo). Paciencia, él o ella vendrá.

**☾ ASCENCIÓN.**
Toda ascensión por los aires, subida a una montaña, etc., presagia un cambio favorable de situación.

(ver). Suceso feliz para un conocido.
(con accidente). Significado opuesto.

ⅇ *ASCENSO.*
Ánimo, la situación mejorara en breve.

☾ *ASCENSOR.*
(que sube). Ver *Ascención*.
(que baja). Reverso de fortuna.

ⅇ *ASERRÍN.*
Este sueño es de feliz augurio, pues tenerlo puede ser motivo de que encuentre por la calle alguna joya de valor o dinero.

☾ *ASESINATO.*
Si usted, estando enfermo, sueña que presencia un crimen, no sólo recuperará la salud, sino que le traerá felicidad en su negocio o trabajo. Sin embargo, si usted es el asesinado, no espere más que graves disgustos con la familia.

ⅇ *ASFIXIA.*
Ver a una persona asfixiada es grato anuncio de la curación de un familiar enfermo, así como también la obtención de una importante ganancia.

☾ *ASILO.*
(buscar). Necesidad de auxilio.
(encontrar). Se recibirá ayuda.
(de niños). Deseos de casarse.

ⅇ *ASMA.*
En ocasiones se sueña que se tiene asma debido a que la persona sufre en verdad esta enfermedad y su respiración se le hace difícil. Pero no existiendo esta razón, el sueño indica traición la cual podrá contrarrestarse ya avisado usted con tal presagio.

**☾ ASNO.**

Pronostica un esposo dócil, en especial si se cabalga.
(si rebuzna). Conversación desagradable.
(indómito). Esposo testarudo.

**☽ ASOCIACIÓN.**

Disputa, riña.

**☾ ASTILLA.**

Encuentro desagradable.

**☽ ASTROS.**

Pronóstico favorable, mejorará la situación tanto más cuanto más clara sea la luz y el número de astros.

**☾ ASTRÓLOGO.**

Soñar con un astrólogo no tiene definición exacta, ya que lo mismo puede significar el sueño de un éxito grande que desengaños en nuestras ilusiones.

**☽ ATAR.**

(alguien o atarse). Virtud defendida con heroísmo contra asedios ilegítimos.

**☾ ATAÚD.**

Funesto aviso de la muerte de una persona amiga. Si es uno mismo el que está dentro del ataúd, significa que disfrutará de una larga vida.

**☽ ATENCIÓN.**

(en el trabajo). Próximamente se tendrá una gran satisfacción.

**☾ ATIZAR.**

(un fuego). Riña familiar ocasionada por murmuraciones.
(si uno mismo enciende el fuego). Éxito seguro en el trabajo.

**☽ ATONTAR.**

(estar). Dolor de cabeza.

**☾ ATRANCAR.**

(cualquier cosa). Competidores, rivales peligrosos.

**ATRAVESAR.**
(algo). Energía que vencerá todos los obstáculos.

**ATURDIMIENTO.**
Enfermedad en incubación.

**AUDIENCIA.**
(pedir u obtener). Diligencia desesperada que no tendrá resultado.
(dar). Gastos enormes por vanidad.

**AULLIDO.**
(oír). Amigo en peligro.
(aullar uno mismo). Peligro propio.

**AUREOLA.**
Siendo usted la persona aureolada, recibirá el aprecio y consideración de las gentes.

**AUSENCIA.**
Soñar con una persona ausente significa el próximo regreso de un familiar o amigo, sin que se trate precisamente del que ha sido en sueños.

**AUTÓMATA.**
Cuidado con la persona que intenta ganarse la confianza.

**AUTOMÓVIL.**
Si usted es un obrero o empleado y sueña que sube a un automóvil, indica ascenso en su trabajo; si se trata de personas con buenos medios de vida, señala mayores ganancias. Mas si durante el sueño se ve obligado a apearse del vehículo, nada de ello realizará y, por el contrario, le sobrevendrán desengaños y pérdidas.

**AUTOPSIA.**
Soñar presenciarla, significa negocios llenos de contrariedades. Si es uno quien la practica, tendrá dificultades y grandes obstáculos.

☾ **AUTOR.**

Ver a un autor significa fracaso en los negocios y pérdida de dinero. Si sueña que usted lo es, indica miseria, vanidad y esperanzas vanas.

✎ **AUTORIDADES.**

Ver Juez, Agente de Policía, etc.

☾ **AVALANCHA.**

Importante herencia, especialmente si se queda sepultado bajo la nieve.

✎ **AVARO.**

Si sueña con una persona avara, pronto recibirá buenas noticias o dinero. Si es usted el avaro, prepárese a recibir la llegada de un familiar o un amigo radicado en el extranjero.

☾ **AVELLANAS.**

Importante herencia, especialmente si se queda sepultado bajo la nieve.

✎ **AVENA.**

Verla en el campo movida por el viento, indica prosperidad; ya segada, miseria.

(cortada). Pérdidas en el juego.

(en grano). Ingresos importantes en el negocio.

☾ **AVENIDA.**

(de árboles). Pronóstico sumamente favorable, mejora la posición, amistades influyentes, felicidad duradera.

✎ **AVESTRUZ.**

Se conseguirá hacer entrar en razón a una persona débil mental.

☾ **AVIÓN.**

Si sueña que vuela alto, es señal de lograr un buen porvenir para usted, confirmándose tal sueño si el avión aterriza. Si el avión se desploma es augurio de malas noticias. Estando posado en el suelo, motivo de desgracias.

## ❤ AVISPA.

(ver una). Odio de una persona envidiosa.

(ser perseguido o picado por una). En el primer caso intentos de manchar la reputación; en el segundo caso lo conseguirán

(cazar o matar). Al enemigo le saldrá el tiro por la culata.

## ☾ AYUDA.

(a alguien). Aumentará nuestra reputación.

## ❤ AYUDANTE.

(ver a uno). Fuga.

(ser). Disputa con un amigo.

## ☾ AYUNO.

Muy pronto habrá que ayunar.

## ❤ AZOTAR.

(a alguien). Castigo severo a la persona que intente dañar una reputación.

(ser azotado). Amenaza una afrenta pública.

## ☾ AZÚCAR.

Ver en sueños azúcar o comerla, le aviza de que en fecha no muy lejana tendrá una pena que le proporcionará grandes amarguras.

## ❤ AZUFRE.

Soñar con azufre es una advertencia de que usted caerá en la tentación de gozar de amores prohibidos, por lo cual debe tener en cuenta esta premonición, tratando de evitar cometer este pecado, que le acarrearía grandes contrariedades y desgracias. Sea fuerte y no se deje vencer por el Maligno.

## ☾ AZUL.

La vista de objetos que destacan por su color azul anuncian una etapa en la vida de gran serenidad y compensaciones.

# B

✪ *BABA.*
Ver a un niño babeando, y también a personas mayores, augura un buen casamiento seguido de una herencia.

✪ *BABEAR.*
Charla inaguantable.
(Uno mismo). No hay que entregarse con desmedida afición a los placeres sensuales.

✪ *BABUCHA.*
Prepárese a recibir algún susto o noticia desagradable.

✪ *BACALAO.*
Soñar con bacalao es señal de alcanzar una prosperidad nunca soñada. Si es usted quien lo come, mejoramiento en su salud.

✪ *BACO.*
(verle aparecerse). Presagio de vida larga y feliz.

✪ *BACHILLERATO.*
(estudiar o examinarse). Toda tentativa es util.

✪ *BADAJO.*
(de campana sin la campana). Nacimiento de un hijo legítimo que dará lugar a muchas habladurías.

✪ *BAHÍA.*
(ver). Descanso feliz en el campo, lejos de todo ruido.

✪ **BAILARINA.**

Si ve una bailarina en sueños, procura cuidar mucho de tu reputación.

✪ **BAILE, BAILAR.**

(en un salón). Amor propio herido.

(al aire libre). Buena salud.

(dar un). Se estará expuesto al veneno de la calumnia.

(desenfrenado). Extravío que causará un escándalo.

(dobre una cuerda). Peligro inminente.

(ver). Estos augurios son aplicables a una persona allegada.

✪ **BAJADA.**

Descender o bajar de un lugar más elevado, indica desgracia y pérdidas.

✪ **BAJO.**

(estar en un lugar). Hay que esforzarse en el trabajo, de no hacerlo así se caerá en situación vergonzosa.

✪ **BAJO RELIEVE.**

Buena reputación que aumentará de día en día.

✪ **BALA.**

Consideración pública que pasa cerca o hiere, bromas públicas.

✪ **BALANCE.**

(Arreglar o hacer cuentas). Negocios prósperos.

✪ **BALANZA.**

(ver). La honradez triunfará sobre todas las conspiraciones.

(usarla). Pedirán el testimonio de uno mismo.

✪ **BALAUSTRADA.**

Soñar con ella es signo de suerte y protección. Si está rota, oportunidad de ganar dinero. Apoyarse, anuncio de buena ayuda.

✪ **BALCÓN.**
Estar en un balcón contemplando la calle, es augurio de pronta realizasión de iluciones y deseos.

✪ **BALDOSA.**
Según su limpieza, boda con una persona más o menos cuidadosa. Ver *Cristales*.

✪ **BÁLSAMO.**
Adquirirá buena reputación entre sus amistades.

✪ **BALLENA.**
(pez). Herencia importante que se perderá, salvo en el caso de que se tome parte en la captura.

✪ **BALLET.**
(ver). Noticia de la unión o galanteos entre una persona vieja y una joven.
(tomar parte). Proposiciones deshonestas de parte de un hombre anciano.

✪ **BALLESTA.**
Siendo un estudiante quien la sueña, es feliz anuncio de éxito en sus exámenes, así como en asuntos amorosos.

✪ **BANCARROTA.**
(hacer). Abandono, soledad.

✪ **BANCO.**
Si sueña que está en un Banco, será bueno que desconfíe de proyectos y proposiciones que le hagan. Tratándose de un banco de iglesia, próxima boda. Estar sentado en un banco de hierro, señal de regalos.

✪ **BANDA.**
(de ladrones, de malhechores). Ver esas palabras.

✪ **BANDERAS.**
Ver la bandera nacional es un buen signo en cuanto a consideración pública.

(llevarla o verla rota, atravesada a balazos, etc.). Recompensa a un acto heroico, salvamento, etc.

(roja). Incendio, accidente.

(negra). Epidemia.

(blanca). Disturbios públicos.

(extranjera). Próximos viajes.

✪ *BANDIDOS.*
Si éstos le atacan, es señal de fortuna; pero si es usted quien los pone en fuga, estará expuesto a perder bienes de fortuna.

✪ *BANQUETE.*
Esto significa una agradable promesa de familiares o amigos para disfrutar de una suculenta comida.

✪ *BAÑERA.*
(ver). Cubo de agua por encima.

(con alguien dentro). Deseo insatisfecho.

✪ *BAÑO.*
(en agua clara). Felicidad.

(en agua turbia). Dificultades, rencillas domésticas.

(ver a alguien bañarse). Envidia del bienestar del prójimo.

✪ *BARATILLO.*
Hay que mantener mayor continuidad en las ideas.

✪ *BARBA.*
Soñar que uno tiene barba larga, señal de que todos sus asuntos irán bien. Ver cortar una barba es anuncio de enfermedad de un pariente o amigo. Una barba negra augura penas; si es roja, contrariedades; blanca, desengaños amorosos. Afeitar a una mujer, noticias luctuosas. Si una mujer encinta sueña con barbas, su hijo será varón.

✪ *BARBERO.*
Sabrás de chismes y habladurías de la vecindad.

○ **BARBILLA.**

(con hoyuelos). El amor abre sus brazos.

○ **BARCA.**

Tanto si la ve como si la tripula, este sueño es indicio de afecto de sus amigos hacia usted.

○ **BARCO.**

Ver un barco y navegar indica un momento penoso que es necesario superar, penas que vencer, empresa que exige combatividad. Según las incidencias buenas o malas del viaje, dicha dificultad será vencida o triunfará. Si se naufraga, hay que temer mucho por el porvenir. Si uno se salva, todo se arreglará.

○ **BARDA.**

Si es usted quien la construye, indica consolidación o aumento de fortuna.

○ **BARNIZ.**

No tardará en descubrir un engaño o traición.

○ **BARÓMETRO.**

Hay que seguir al pie de la letra los buenos consejos de una persona que se tiene cerca y fiar de su prudencia.

○ **BARÓN, BARONESA.**

(ver). Habrá ocasión de burlarse del prójimo. Ser, el significado contrario.

○ **BARRACA.**

(en buen estado). Existencia sencilla, pero tranquila. Destruida, miseria, vida bohemia.

○ **BARRANCO.**

(situación embarazosa). ¡Cuidado!

○ **BARREÑO.**

Vacío indica felicidad; lleno, disgustos y malos tratos.

✪ *BARRERA.*

Hay que ahorrar porque habrá ocasión de invertir fondos en un buen negocio; trabajo poco lucrativo.

✪ *BARRER.*

Si eres tú quien barre tu casa, recibirás buenas noticias. Si figura que estás barriendo en otro lugar, tendrás contrariedades.

✪ *BARRICADA.*

Es un sueño desagradable, pues traerá disgustos e inconvenientes familiares.

✪ *BARRIGA.*

Si sueña que le duele, indica penas. Si ve que se le hincha, recibirá dinero.

✪ *BARRIL.*

Lleno de agua, pensamientos bondadosos; de vino indica prosperidad; de aceite, debe procurar subsanar sus errores; de alcohol, vanidad desmedida; de vinagre, desgracia; de petróleo, cuidado con el niño que juega con el fuego; vacío, decepción.

✪ *BARRO.*

Intentarán ensuciar la propia reputación, pero se confundirá con facilidad a los calumniadores; pequeñas ganancias que proporcionarán bienestar, en especial si lo toca.

✪ *BARROTES.*

Si están cruzados se tropezará con muchos obstáculos en todas las empresas

✪ *BÁSCULA.*

Trampa de la que la honradez triunfará. Usarla, significa acudirá en busca de la propia opinión.

✪ *BASTÓN.*

(ver). Dificultades. Pegar con uno, significa que una persona intrigante será vencida. Ser golpeado con uno, vergüenza pública tanto más grave cuantos más golpes se reciban. Apoyarse en uno, hijos abnegados.

✪ *BASURA.*
Hasta usted llegarán noticias de una persona amiga que huyó del hogar.

✪ *BATALLA.*
Alta reputación, en especial si se toma parte en ella. (campos de). El mismo significado.

✪ *BATALLÓN.*
(ver, seguir o estar). Amistades, numerosas simpatías. (alumnos). El mismo significado.

✪ *BATERÍA.*
(de cocina). Felicidad conyugal en relación a su limpieza.

✪ *BAÚL.*
Si sueña que está lleno, señal de abundancia. Vacío, anuncia malestar y miseria.

✪ *BAUTIZO.*
Asistir a un bautizo es siempre un presagio feliz. Si en este sueño un familiar o amigo no estuviera bautizado, sería presagio de que a la persona que le falte el bautismo sufrirá de penas y enfermedades. Así mismo es un propósito favorable siempre. El primer deseo se cumplirá, aunque sea valioso.

✪ *BAYONETA.*
Llevar o usar una bayoneta, es señal de alguna terrible desgracia.

✪ *BAZAR.*
Distracción en demasiadas cosas; se debe elegir bien y concentrarse.

✪ *BEATO, BEATA.*
Cuidado con un hipócrita que tiene lengua venenosa.

## ✪ BEBÉ.

Soñar con un recién nacido es signo de felicidad en casa. Si el bebé figura que es usted, tenga por cierto que hay una persona que lo ama mucho, aunque no se atreve a confesárselo.

## ✪ BEBER.

Si en sueños bebe usted agua, habremos de cuidar la salud, aunque también es indicio de que puede traernos algo bueno. Si es vino lo que toma, gozaremos de buena salud y fortaleza. Si se trata de licores, deberá interpretarse como logro de esperanzas e ilusiones. En cambio, soñar que bebe leche, es presagio de rencillas y preocupaciones. Beber agua fría, augura riquezas; caliente, leve enfermedad.

## ✪ BEBIDA.

Fabricar bebidas caseras o beberlas presagia una situación holgada.

## ✪ BELLEZA.

(ver cosas bonitas, en general). Elevación del espíritu, nuevas amistades.

(ver personas bellas). Pasión en germen, que proporcionará gran alegría.

(verse uno mismo bello). Se dará lugar a esta pasión.

## ✪ BELLOTA.

(ver). Enfermedad vergonzosa de un amigo.

(comer). Será contraída por uno mismo.

(en el árbol). Ver *Encima*.

## ✪ BENCINA.

Vida disipada, que por fin se encauzará.

## ✪ BENDICIÓN.

Si es un sacerdote quien se la da, tendrá pleitos de familia a causa de habladurías de gente malévola. Si se la dan sus padres, feliz augurio.

✪ *BENEFICENCIA.*
(oficina). Ayuda de poca eficacia.

✪ *BENEFICIOS.*
Soñar que se consiguen, significa lo contrario.

✪ *BERENJENA.*
Si está cruda, señala una pasión secreta. Si sueña que está cocida, muy pronto recibirá la confesión de un amor disimulado que le hará feliz.

✪ *BERROS.*
Indica contrariedades y penas en sus asuntos.

✪ *BESAR.*
Recibir un beso es anuncio favorable creador de gratos afectos. Dispóngase a recibir la visita de una persona querida. Dar un beso a una mujer (o a un hombre), feliz éxito. Besar la mano de una mujer, progreso en las empresas. Besar el suelo, humillación.

✪ *BESO.*
(dado o recibido). Afecto creciente.
(enviado a distancia). Separación momentánea que no hará sino aumentar amor.
(ver a otro besarse). Seguridad de poseer el corazón del marido.

✪ *BESTIA.*
Si sueña que es perseguido por ellas, augura ofensas. Si la ve correr, tribulaciones y desgracias.

✪ *BIBERÓN.*
Embarazo. En manos de un niño; felicidad conyugal. Usándolo; felicidad conyugal.

✪ *BIBLIA.*
Ver, leer u oír. Se deben seguir los consejos de moral que da; son por el propio bien.

## ✪ *BIBLIOTECA.*

Soñar que se está en una biblioteca cuyos estantes se hallan vacíos, es señal de abulia y pereza por su parte, lo cual debe procurar corregir para evitar males mayores. Si los estantes están llenos de libros, indica que sus trabajos merecerán buena recompensa.

## ✪ *BICICLETA.*

Si es usted quien la monta, teminará con un romance, aunque si esto llegara, le advendrá un favorable cambio. Si montándola uno se cae, perderá el dinero que haya arriesgado en cualquer empresa o negocio.

## ✪ *BIENESTAR.*

Sentirlo significa, el desarrollo de las facultades físicas y espirituales.

## ✪ *BIFURCACIÓN.*

Habrá que elegir entre dos extremos, suma reflexión.

## ✪ *BÍGAMO.*

(ver). Referencias desagradables de un conocido. Ser, amistad obscesionante que toca a su fin.

## ✪ *BIGOTE.*

Si son largos, será señal de aumento de fortuna. Si usted no lo usa, y sueña que lo lleva, presagia situaciones desagradables. Si se trata de una mujer que sueña ser una "bigotona", le avisará de infidelidades conyugales, en caso de ser casada. Siendo soltera, deberá guardarse de chismes y maledicencias.

## ✪ *BILIS.*

Tiempo malgastado.

## ✪ *BILLAR.*

Si sueña que lo ve o que juega en él, procure no arriesgarse en operaciones comprometidas.

✪ *BILLETE.*
Soñar con billetes de Banco siempre presagian apuros de dinero.

✪ *BISABUELA.*
El mismo significado que abuela.

✪ *BIZCO.*
(ver a algún). Una persona tiene grandes deseos de obtener favores.

✪ *BIZCOCHOS.*
Verlos auguran buena salud. Comerlos, próximo viaje.

✪ *BLANCO.*
La vista de objetos que chocan por su blancura indica que se puede tener plena confianza en los que se ama.

✪ *BLANDO.*
Ver una persona blanda significa que el amante proporcionará escasa satisfacción esta noche.

✪ *BLASFEMIA.*
(oír). Los niños de los que es responsable, reciben malos ejemplos y consejos.
(proferir). Este deseo es en vano.

✪ *BLASÓN.*
Decepción, desencanto.

✪ *BLINDAJE.*
Se deberá más de lo prudente.

✪ *BLUSA.*
Si usted sueña con esta prenda, pronto conocerá a una persona con la que establecerá un firme lazo de amistad.

✪ *BOCA.*
Peligro de perecer aplastado por poderosos enemigos. Según se sueñe bonita o fea, se debe escuchar o desdeñar los consejos que darán.
(besar en la). Amor creciente.

✪ *BODA.*

Si es usted quien participa en su propia boda, indica que gozará de magnífica situación con la ayuda de un familiar o amigo. Si sueña que es un simple asistente, recibirá lamentables noticias de la muerte de una persona querida.

✪ *BODEGA.*

Si la bodega es de vinos y está repleta de barricas y botellas, su sueño indica que, si usted es persona soltera, contraerá un matrimonio afortunado; pero si ya está casada, recibirá un buen ingreso monetario. En caso de que la bodega contenga cereales u otros productos, la gente privada de libertad pronto la recuperará y si la sueña un pobre, su situación mejorará notablemente.

✪ *BOFETADA.*

(dar). Será recibida por uno mismo.
(recibir). Significado contrario.

✪ *BOHEMIOS.*

Hay que desconfiar de los carteristas.

✪ *BOLA.*

Soñar con bolas es símbolo de buen augurio y por lo tanto tal sueño deberá ser motivo de satisfacción y alegría.

✪ *BOLERO.*

Si es un bolero o limpiabotas quien se le aparece en sus sueños, recibirá ganancias que mejorarán su vida.

✪ *BOLICHE.*

Este sueño anuncia el próximo regreso de alguna persona querida, residente en un país lejano.

✪ *BÓLIDO.*

Descubrimiento.
(si cae en tierra). Hallazgo de un tesoro.

✪ *BOLOS.*

(jugar). Desaplicación.

(ver jugar). Visita de un niño.

✪ *BOLSA.*

Llena de dinero, tendrá dificultades de las que saldrá gracias a protección de un buen amigo. Si está vacía, sufrirá momentáneas molestias de las que habrá de salir triunfante.

✪ *BOLSILLO.*

Registrar los bolsillos de una persona, es señal de dudas y desconfianzas. Si alguno se los registra, debe procurar desconfiar de un amigo que viene con malas intenciones. (meter la mano en los de otro). Celos sin fundamento.

✪ *BOLLO.*

(ver, comer). Se está próximo a cometer una tontería, pero todavía se puede remediar.

✪ *BOMBA.*

Si sueña que saca agua con ella, señal de felicidad y contento. Si no sale agua, motivo de pobreza y pesadumbres. Si se trata de una bomba explosiva, malas noticias y sinsabores.

✪ *BOMBEROS.*

Emprenda con interés su trabajo o negocios, que recibirán un merecido premio de progreso que le permitirá mejorar su actual estado de vida.

✪ *BOMBONES.*

Si sueña que los come, ande con cuidado de no dejarse convencer por atenciones y lisonjas. Si los ve en una bombonera, anuncio de regalo.

✪ *BORDADO.*

Usar vestidos bordados significa ambición, pero puede ser que recibamos riquezas y honores. Si es usted quien borda, será objeto de críticas por parte de personas a quien usted considera como amigos.

✪ *BORDE.*

Según el borde de un techo, la orilla de un río, de un barranco, etc., pronostica un accidente o pérdida de dinero motivados por imprevisión.

✪ *BORRACHERA.*

Por amor va a cometer locuras.

✪ *BORRACHO.*

Si sueña que es usted, le esperan grandes mejoras en su actual situación, tanto en aumento de dinero como en su empleo o negocios.

✪ *BORREGO.*

Soñar con borregos indica que recibirá regaños de las personas que están sobre usted, bien sus padres o sus jefes o maestros.

✪ *BOSQUE.*

(pasear). Deseos razonables satisfechos.

(si los árboles son muy bonitos). Influencia poderosa que dará fortuna.

(encontrar un claro en el). Felicidad y riqueza.

(frondoso). Felicidad oculta.

(extraviados en el). Empresa difícil de llevar adelante con éxito, pero no conviene abandonar.

(arrasado o con árboles quebrados o quemados). Pérdida de lo más querido, desastre inminente.

(coger flores en el). El amor acecha.

(comer avellanas en el). Pecado secreto sin serias consecuencias.

(hacer leña para el fuego). Ahorros que darán gran alivio.

✪ *BOSTEZO.*

Sabrá de la muerte de una persona quien no forma parte de sus íntimas amistades.

✪ *BOTAS.*

Ver o estrenar botas nuevas, símbolo de riquezas y bienestar. Si las botas están usadas y viejas, señal de que no tardará en adquirir bienestar.

✪ *BOTELLA.*

Si sueña con una botella llena, significa alegría; si está vacía o rota, augura desgracias.

✪ *BOTICA.*

Representarse en un sueño una botica o un boticario, tenga por seguro que sabrá de una boda por interés de una persona amiga.

✪ *BOTONES.*

Soñar con botones significa pérdidas. Si es usted quien los cose a cualquier prenda, indica dicha casera y apoyo de su familia.

✪ *BOXEO.*

Es un signo de rivalidad y violencia. Si sueña que está boxeando, tendrá que precaverse de mujeres que buscan perjudicarle. Ver boxear a otras personas, serán amigos de usted los que traten de causarle problemas y perjuicios.

✪ *BRASA.*

Una brasa a medio extinguir es anuncio de bienestar y dinero inesperado. Si la brasa está encendida, augura signos de demencia alrededor nuestro, aunque no en personas de la familia, sino entre algún simple conocido.

✪ *BRASERO.*

Una persona querida sufrirá un accidente.

✪ *BRAZALETE.*

Soñar con brazaletes es signo de buen agüero por lo general. Si está roto anuncia muy próximo matrimonio.

✪ *BRAZO.*
Si los brazos son fuertes y robustos, indican felicidad. Velludos, adquisición de riquezas. Roto o cortado, próxima enfermedad a nuestro alrededor.

✪ *BREVIARIO.*
No hay que escuchar a la persona que quiere adoctrinar.

✪ *BREZAL.*
Placer en la soledad, después de un disgusto, de un desengaño amoroso.

✪ *BRIDAS.*
Alguien quiere que se vuelva al buen camino. Es un deber escucharle.

✪ *BRINDIS.*
Símbolo de alegría por el nacimiento de un niño allegado a usted.

✪ *BRONCE.*
Empresa bien planeada, posición asegurada, porvenir brillante.

✪ *BROCHA.*
Alguien intenta ahogar el propio espíritu.

✪ *BROCHE.*
Gran comodidad, banquete abundante.

✪ *BROMA.*
Si en sueños se gasta una broma, significa que en la realidad se será víctima, y viceversa.

✪ *BRUJA.*
No es agradable soñar con brujas, ya que este sueño trae dificultades e incluso pérdida del trabajo o en los negocios. Procure en este día no resbalar por la calle, pues la caída sería de malas consecuencias.

✪ *BRÚJULA.*

La persona que aconseja merece toda confianza, no se debe echar en olvido sus advertencias.

✪ *BRUMA.*

El mismo significado que *Niebla* (ver), aunque de menor importancia.

✪ *BRUTALIDAD.*

Peligro que amenaza a la persona brutal.

✪ *BUENAVENTURA.*

Tratándose de una gitana quien te la dice, debes estar alerta con tus enemigos.

✪ *BUEYES.*

Si son sanos y numerosos auguran abundancia.

(uncidos). Paz en el matrimonio.

(delgados.). Lo contrario.

(rugen o furiosos). Escena familiar violenta.

✪ *BÚFALO.*

Viaje que reportará amistades valiosas.

✪ *BUFANDA.*

Constipado inminente.

✪ *BUFETE.*

Aburrimiento. Impaciencia por cambiar de situación.

✪ *BUFÓN.*

(ver). Preparan una burla insulsa.

(ser). Queriendo parecer espiritual, se queda en ridículo.

✪ *BÚHO.*

Soñar con un buho es señal de que no tardarás en saber la muerte de un amigo.

✪ *BUITRE.*

Si luchando contra el buitre llegas a vencerlo, es signo de que pronto recobrarás la salud y calma perdidas.

✪ *BUJÍA.*

Verlas fabricar o hacerlas uno mismo, es indicio de próximas ganancias. Soñar que una está encendida, pronostica un natalicio. Bujía que se apaga sola, presagia, dolor y muerte.

✪ *BUÑUELOS.*

Si es uno mismo quien los elabora, deberá guardarse de intrigas de personas que le rodean. Si sueña que los come, diversiones y placeres sensuales..

✪ *BUQUE.*

Si usted va en él como pasajero y el navío se halla detenido en medio del mar, significa que puede enfermar y si no se atiende oportunamente llegar incluso a la muerte. Si es persona dedicada a negocios quien sueña viajar en el buque, obtendrá grandes ganancias. Si se trata de una mujer soltera, soñar que va como pasajera en el barco será fiel aviso de próximo matrimonio, salvando los inconvenientes que puedan presentársele.

✪ *BURLA.*

Si quien sueña está burlándose de alguien, será señal de que, en la vida real hallará gente que gozará burlándose de usted. En cambio, soñar que otra persona hace mofa de usted, no tardará en verla afectada por un accidente grave.

✪ *BURRO.*

Si sueña con un burro de color blanco, pronto recibirá dinero. Si el animal es pardo o gris, deberá prepararse para evitar un engaño del que tratan de hacerla víctima. Verse montado en él, significa que nunca habrá de perder la confianza de la persona a quien ama.

✪ *BUSCAR.*

(un objeto). Dificultades imprevistas.

(a una persona). Ausencia que dejará rensetimientos, inquietud espiritual.

✪ *BUSTO.*
Ver el busto de un personaje es signo de consideraciones y honores para con usted.

✪ *BUTACA.*
Soñar con una butaca o que se halla sentado en ella, es augurio de bienestar y una larga vida llena de satisfacciones.

# C

### CABALGAR.

Si cabalga en un caballo anuncio de triunfos y prosperidades. Si monta en un burro u otro animal solípedo, señal de inconvenientes con la justicia. En el caso de montar en un burro, tendrá muchos obstáculos que sólo podrá vencer poniendo en ello su esfuerzo y tenacidad.

### CABALLERO.

Intromisión en los asuntos ajenos.

### CABALLETE.

Si sueña que es nuevo, recibirá desengaños amorosos.

### CABALLO.

Ver uno o varios caballos en libertad o en la cuadra indica que está rodeado de personas con un excelente fondo, pero fácilmente influenciables y que necesitarán ser dirigidas.

(cabalgado por otro). Intentan arrebatar la influencia que se ejerce sobre una cierta persona.

(cabalgado por uno mismo). No lo conseguirán, a menos que se caiga o se pierdan los estribos.

(tiro a dos). Noticia de una boda.

(de cuatro o más). Doble boda en la misma familia.

(que caracolea). Despliegue de gracias con el fin de seducir.

(encabritado). Falta en una persona de la familia.

(escapado, robado). Escándalo.

(parar un). Consideración pública.

(ser mordido o recibir una coz). Ingratitud.

(comprar o vender un). Trampa en el negocio.

(caer herido o muerto). Accidente o enfermedad grave de un allegado.

(salvaje, completamente negro o blanco). Acentuación de los pronósticos, tanto en sentido favorable como desfavorable.

Ver Carreras.

## CABAÑA.

Soñar con una cabaña es signo de felicidad, pero si ésta se encuentra derruida y abandonada, trabajos penosos y amistades truncadas.

## CABARET.

Estando usted en él aternando con gentes, es señal de fortuna y dicha. Si se encuentra solo, peligro y sinsabores.

## CABELLOS.

Ver en sueños una cabellera rubia presagia fecundidad.

(morenos). Energía, sentimientos vivos en la persona amada.

(pelirrojos). Carácter extravagante.

(castaños). Fidelidad.

(blancos). Afecto que sólo romperá la muerte.

(rizados). Coquetería.

(ondulados naturalmente). Indolencia.

(encrespado). Frenesí en el placer.

(mal peinados). Desorden interior.

(peinarse o hacerse peinar). Invitación fallida.

(verse con los cabellos blancos a edad temprana). Preocupaciones graves en el futuro.

(arrancar las canas). Se perderá un afecto.

(calvicie). Declaración o requerimiento de matrimonio por parte de una persona madura.

(cabellos que rebrotan). Bodas de plata.

### CABEZA.

Una cabeza grande significa aumento de riquezas. Sola, sin el cuerpo, indica libertad. Si una persona enferma sueña que le cortan la cabeza, señal de que pronto mejorará. Si usted se la corta a alguien, augurio propicio para jugar a la lotería. Verla cortar a otra persona, obtendrá dinero y adquirirá nuevas e importantes relaciones. Soñar con una cabeza de un negro, próximo viaje.

### CABLE.

Ha de procurar tener cuidado con su salud.

### CABRA.

Soñar que sujeta a una cabra por los cuernos, indica próximo triunfo sobre sus enemigos; pero si sueña que le da topetazos, deberá mantenerse lejos de sus enemigos. Una manada de cabras significa pobreza y mala situación.

### CABRITO.

(ver). Niño mimado.

(comer). Niño enfermo.

### CACAO.

Próximas noticias de una vieja amistad con quien tuvimos relaciones.

### CACEROLA.

Soñar que está vacía en vísperas de casarse, su matrimonio no será muy afortunado. Verla llena de comida indica todo lo contrario.

### CACHEMIRA.

Regalo valioso.

### CACTO.

Alguien tratará de abatir nuestro orgullo.

✦ *CADALSO.*
Si uno se ve en él, señal de honores y dignidades.

✦ *CADÁVER.*
Si sueña que besa un cádaver, su vida será larga y venturosa.

✦ *CADENAS.*
(hierro). La boda de la persona que las lleva en sueños será su esclavitud, es una advertencia de que se eviten líos.
(de plata, oro). Al contrario, felicidad total; si no se está casado, es aconsejable casarse.
(rota). Divorcio.

✦ *CADERAS.*
Si son grandes, señal de alegría y prosperidad.

✦ *CAER.*
Soñar que se cae significa que tiene enemigos peligrosos; si se despierta con sobresalto, estos enemigos están a punto de jugar una mala partida; si en la caída no se sufre daño alguno o no se despierta, augura que se triunfará de toda adversidad.

✦ *CAFÉ.*
Soñar con el grano crudo, mejoría en sus negocios; si está tostado recibirá agradables visitas. Si el café está ya molido, se realizarán sus proyectos e ilusiones. Si alguien le ofrece una taza de café, muerte de un familiar; si al tomarlo se le derrama, deberá usted cuidarse de un peligro.

✦ *CAÍDA.*
(ver). Ruina de un conocido.
(caer). Pérdida de posición, fracaso.

✦ *CAJA.*
(si está llena). Buena camaradería.
(si está vacía). Disputa; pérdida en los negocios.

(de madera). Si está adornada, viaje de negocios.

(de comercio). Es un buen signo: éxito en los negocios, aun si está vacía o rota.

(romper una). Esta actuación puede traer serias complicaciones.

(fuerte o de caudales). Negativa de dinero.

### ✦ CAJERO.

Ver o tener un cajero significa que debe desconfiar, porque esperan estafarlo.

### ✦ CAJÓN.

(vacío). Pérdidas en los últimos ingresos.

(lleno). En última instancia, se encontrará un apoyo valioso.

### ✦ CAL.

Soñar con cal denota que una persona a quien usted le había depositado su confianza, le ha estado ocultando la verdad con respecto a asuntos de gran trascendencia.

### ✦ CALABAZAS.

Quien sueña con calabazas y está enfermo, pronto recuperará la salud.

### ✦ CALABOZO.

Si uno se halla encerrado en un calabozo, recibirá grandes consuelos en su situación. Si sólo entra en él, indicio de buena salud.

### ✦ CALAMAR.

Soñar con calamares es feliz anuncio de recibir dinero.

### ✦ CALAMBRE.

Enfermedad o accidente que lo retendrá en cama algunos días.

### ✦ CALAVERA.

Una o más calaveras presagian acechanzas y mala fe de gentes que se llaman nuestros amigos y sólo buscan perjudicarnos.

## 🖋 *CALCAR.*

(ver). Siga los buenos ejemplos que dan.

(uno mismo). Imitar a los demás es una equivocación.

## 🖋 *CALCETÍN.*

Si se sueña con un solo calcetín, indica molestias con parientes. Si uno mismo se los está poniendo, augura apuros de carácter económico. Quitárselos, fin de nuestras preocupaciones.

## 🖋 *CÁLCULO.*

Hacer en sueños cualquier tipo de operaciones aritméticas es un signo de prosperidad en los negocios, a menos que no se pueda resolver el problema o conseguir un resultado exacto.

## 🖋 *CALDERA.*

Castigarán de una vez todas las culpas.

## 🖋 *CALDO.*

Tomar una taza de caldo indica penas, sinsabores e intrigas por celos.

## 🖋 *CALEFACCIÓN.*

El éxito en los proyectos depende de la temperatura alcanzada.

## 🖋 *CALENDARIO.*

Es aviso de que usted no debe aceptar una próxima invitación con lo cual se evitará un grave disgusto.

## 🖋 *CALENTARSE.*

Un buen amigo prestará su apoyo y consuelo.

## 🖋 *CALIFA.*

Vigilando la vida interior, se encontrará el punto débil que debe corregirse.

## 🖋 *CÁLIZ.*

Ofrenda difícil de dirigir.

✦ *CALLE.*
Pasar por una calle llena de basura, significa que se hallará metido en líos judiciales. Si la calle es limpia, sus problemas pronto habrán de solucionarse en forma satisfactoria. Una calle estrecha y obscura, señala peligros.

✦ *CALLOS.*
Si usted sufre de callos, significa pesares y disgustos familiares.

✦ *CALMA.*
(sentir). Endulzamiento de un disgusto.

✦ *CALOR.*
(sentir). Momento de apatía, de desgano sin motivo aparente, que puede presagiar una enfermedad.

✦ *CALUMNIA.*
Pronto recibirá visitas de algunos amigos solicitándole favores.

✦ *CALVARIO.*
Crueles sufrimientos.

✦ *CALVICIE.*
Si es usted quien sueña quedarse calvo, augura contrariedades y penas que se acercan y que tal vez puedan influir en que se dé a la bebida. Si quienes se quedan calvos son amigos, debe cuidarse de ellos, ya que intentarán tramar algo malo para perjudicarle.

✦ *CAMA.*
(vacía). Cita.
(ver a alguien en). Si es del mismo sexo, indica una muestra de confianza.
(si es del otro sexo). Adulterio.
(acostarse). Ver esta palabra.
(mal hecha). Miseria próxima.
(plegable o hamaca). Aventura amorosa con un militar.

## ✦ CAMALEÓN.

Hay alguien que dice blanco cuando se está delante y negro cuando se está detrás.

## ✦ CÁMARA.

(de los diputados). Intereses entre personas que no pueden ponerse de acuerdo.

## ✦ CAMARADA.

Ver *Amigo*.

## ✦ CAMARERO.

Malas noticias.

## ✦ CAMAROTE.

Viaje por mar, sin tempestad.

## ✦ CAMELIA.

Si se huele esta flor, procure no crear amistad con la persona que se le acerque con proposiciones amorosas, pues habría de arrepentise por ser muy engreída y vanidosa.

## ✦ CAMELLO.

(ver). Trabajo que requiere mucha paciencia.
(montar en un). Dominio de una persona testaruda, marido, mujer o suegra.

## ✦ CAMILLA.

Accidente grave.

## ✦ CAMINO.

Ver o andar por un camino recto, es señal de alegrías. Si el camino es difícil y pedregoso, se le presentarán muchos obstáculos.

## ✦ CAMIÓN.

Indica alguna oportunidad de recibir una herencia, aunque no de mucha cuantía.

### ⚹ CAMISAS.

Si no están en buen estado, se está a punto de carecer de lo necesario.

(sucias). Disputa familiar.

(contarlas, ordenarlas, guardarlas). Situación modesta en la que el afecto mutuo entre los miembros de la familia suplirá con ventaja la falta de fortuna.

(cambiar de). Visita de un amigo.

(lavarla). Falta perdonada.

### ⚹ CAMPAMENTO.

(ver o acampar). Amistades, simpatías numerosas que ayudarán.

### ⚹ CAMPANA, CAMPANARIO.

Alegrías, diversión, reunión de viejos camaradas; recuerdo melancólico de un afecto que ya murió.

(carillón). Nacimiento.

(tocar uno mismo). Buena suerte, gratificación.

(subir a un campanario). Ovación.

(campana cascada o rota). Enfermedad mortal de un niño.

(campanario en ruinas). Granizo, incendio y plaga o desolación por todo el país.

### ⚹ CAMPANARIO.

Este sueño indica poder y fortuna, pero si el campanario se halla en ruinas, pérdida de su empleo.

### ⚹ CAMPO.

Cuanto más bonito sea, más se podrá contar con la felicidad futura; si es un campo estéril o devastado, se ha de temer una catástrofe.

(si está cubierto de cadáveres). Epidemia.

### ⚹ CANAL.

Un intermedio tramitará la reconciliación.

### ✦ CANARIO.

Verlo en la jaula, señal de que usted está enamorado. Oírlo cantar, pronto recibirá una confidencia amorosa. Si el canario se escapa, señal de rompimiento con la persona a quien ama.

### ✦ CANASTA.

Buen augurio y abundancia de bienes si se sueña con una canasta repleta de frutas, verduras y comestibles. Pero si está vacía y rota, pronto tendrá problemas económicos.

### ✦ CÁNCER.

Remordimientos picantes.

### ✦ CANCILLER.

Adulaciones y tonterías que no se tendrán en cuenta.

### ✦ CANDADO.

El destino invita a ser más discreto, menos charlatán.

### ✦ CANDELABRO.

Hallaremos por la calle un objeto de poco valor; pero si el candelabro está encendido, aumentará la importancia del hallazgo.

### ✦ CANDIDATO.

(ver). Harán magníficas proposiciones.
(ser). Decepción.

### ✦ CANGREJO.

Si sueña que los come, desavenencia con persona que siempre mereció su aprecio y amistad.

### ✦ CANGURO.

Niños bien educados.

### ✦ CANSANCIO.

Disgustos pasajeros.

### ✦ CÁNTARO.

Lleno de agua, de leche u otro líquido, anuncia la llegada de un bien inesperado que mucho le satisfará. Si el cántaro se halla vacío o roto, significa mengua en su actual situación.

### 🗡 CÁNTICO.
(oír). Intentan sugestionar.
(cantar). Embrutecimiento.

### 🗡 CANTIMPLORA.
(ver). Excursión.
(beber en). Burla que acabará en una carrera fatigosa e inútil.

### 🗡 CANTINA.
Hallarse dentro de una cantina, es señal de tristeza o de enfermedad.

### 🗡 CANTINERA.
Una mujer remontará la moral.

### 🗡 CANTO.
Si es usted quien canta o escucha, anuncia tristeza.

### 🗡 CAÑÓN.
Soñar hallarse frente a un cañón, significa que algo inesperado se le presentará en su vida. Oír un cañonazo, presagia ruina y quiebras en los negocios.

### 🗡 CAPA.
Si se sueña con ella, es feliz augurio de noticias que le causarán dicha y alegría. Si uno la lleva puesta, recibirá dinero que no esperaba.

### 🗡 CAPILLA.
Sus leales sentimientos pronto le llevarán de nuevo por el buen camino.

### 🗡 CAPITAL.
(ver). Esperanza acariciada por largo tiempo que llegará a su término.

### CAPITULACIÓN.

En camino de reconciliación.

### CARACOLES.

(vivos). Noviazgo con una persona innoble y mirada que pronto hastiará.

(sucios). Se heredará una gran fortuna.

(cocidos o aliñados). Noticias de una defunción o enfermedad grave de un pariente que hizo testamento a favor del soñador.

### CARAMELOS.

Comer caramelos pronostica que alguien se atreverá a injuriarlo, causándole amargura y disgusto.

### CARAVANA.

Verla pasar, ganancias en sus asuntos. Si usted forma parte de ella, satisfacciones y utilidades en el próximo viaje que piensa emprender.

### CARBÓN, CARBONERO.

Pronóstico excelente si no está encendido; ahorros que permitirán pasar en paz los últimos años que restan de vida.

(si está ardiendo). Éxito en los proyectos.

### CÁRCEL.

(ver). Un amigo se halla en un apuro.

(estar encarcelado). Honores públicos.

(fugarse o ver a alguien). Inquietudes disipadas.

(puertas derribadas o abiertas). Cumplimiento de un deseo.

(estar condenado). Ver *Tribunal*.

### CARCELERO.

Vigilancia inútil.

### CARDENAL.

Feliz sueño que nos proporcionará magníficos éxitos en nuestra actual situación.

✦ *CARDO.*

Amorío que se convertirá en pasión ferviente.

✦ *CARETA.*

Cubrirse el rostro con una careta, augura engaños y amigos falsos.

✦ *CARGA.*

(en la lucha). Heroísmo que será recompensado.

(fardo). Nueva boca que alimentar.

(cargar a alguien). Acusación injusta por parte del soñador.

✦ *CARICATURA.*

(ver). Abrazo a una persona fea.

(dibujar). Matrimonio con esta persona.

✦ *CARICIA.*

Toda caricia dada o recibida es un signo excelente; indica un afecto correspondido y favores que reciben agradecimiento.

✦ *CARIDAD.*

Si en sueños hace usted caridad a alguna persona, significa que recibirá noticias desgraciadas. Si la recibe, tendrá afectos de amigos.

✦ *CARIES.*

Este vicio llevará fatalmente a la pérdida de la fortuna o de la salud.

✦ *CARLOMAGNO.*

Por el orden y las cualidades morales se conseguirá llevar adelante la casa.

✦ *CARNAVAL.*

Hallarse en una fiesta carnavalesca, es indicio de sucesos favorables que le proporcionarán muchas satisfacciones. Si, por desgracia usted se emborracha en la fiesta, sería motivo de perjuicios en sus intereses.

## ✦ *CARNE.*

El comer una carne sabrosa, significa satisfacciones en su vida; en cambio, si la come cruda o en mal estado, es aviso de amarguras.

## ✦ *CARNERO.*

Si se sueña con carneros, indica que, al contraer matrimonio, su marido o esposa no le harían feliz en el nuevo estado.

## ✦ *CARNET.*

Asunto que no se debe descuidar.

## ✦ *CARO.*

Comprar algún objeto caro pronostica que se ingresará dinero en la caja de ahorros.

## ✦ *CARPA.*

Se encontrará un objeto de un valor que depende del tamaño del pez.

## ✦ *CARRACA.*

Asuntos urgentes, opinión en falso.

## ✦ *CARRERA.*

Trabajo duro pero productivo y que a la larga puede conducir a la riqueza.

## ✦ *CARRERAS.*

(de caballos). Todo lo referente a carreras, apuestas, hipódromo, etc., anuncia pérdida considerable de dinero.

(a pie, de motocicletas y otras). Pérdida de menor cuantía.

## ✦ *CARRETE.*

Si el carrete tuviera el hilo o cordón bien enrollado, pronto un amigo le brindará ayuda para realizar un negocio. Por contra, si el hilo se viera revuelto y sucio, indica sufrir habladurías familiares.

🖊 *CARRETERA*

(recta y en buenas condiciones). Período de existencia agradable.

(tortuosa o en mal estado). Lo contrario.

🖊 *CARRETILLA.*

Consecución de un porvenir modesto, pero sin bullicio.

🖊 *CARRILLOS.*

Carrillos gordos y colorados, señal de dichas. Flacos y pálidos, mengua en los negocios.

🖊 *CARROZA.*

Viajar en una carroza, indica próximas riquezas.

🖊 *CARTAS.*

(escribir). Están escribiendo en este momento al soñador.

(recibir o leer). Se tendrá que escribir una carta urgente.

(recibir un anónimo). Hay que desconfiar de una persona que se dice amiga.

(escribir un anónimo). La venganza y malos propósitos se volverán en contra del rencoroso.

(quemar o romper cartas). Separación y olvido.

(ilegibles). No acudirá a la cita.

🖊 *CARTELES.*

(ver, poner o leer). Noticia, negocio no productivo.

(arrancar). Será víctima de un engaño.

🖊 *CARTERA.*

(limpia). Lágrimas secadas.

(manchada). Secreto traicionado.

(ver o encontrar). Favor prestado a un ingrato.

(perder). Se encontrará un objeto de valor.

🖊 *CARTERO.*

No tardará en recibir gratas noticias de una persona querida.

### ✈ CARTÓN.
(hoja de). Persona poco formal, situación inestable.
(caja). Ver esta palabra.

### ✈ CARTUCHO.
Se tiene en las manos todas las posibilidades de éxito; si el cartucho está vacío indica que no se trabaja lo suficiente.

### ✈ CASA.
(en buen estado). Bienestar.
(en ruinas, a medio construir, que se vende, etc.). Pérdida de ahorros.
(que se edifica). Un pariente, del que se heredará, se enriquece prodigiosamente.

### ✈ CASADO.
Si en la vida real usted es soltero y sueña que está casado, pronto conocerá a una persona que le impresionará gratamente.

### ✈ CASAMIENTO.
Soñar casarse es señal de tristeza y enfermedad. Si usted asiste como invitado, indica defunción de un amigo.

### ✈ CASCADA.
Es anuncio de feliz matrimonio.

### ✈ CASCANUECES.
Declaración de amor de un octogenario.

### ✈ CASCO.
Llevarlo puesto, vanas esperanzas. El soñar con muchos cascos es signo de discordias entre la familia.

### ✈ CASTAÑA.
Pasión perdurable por una persona dulce y que no gusta del bullicio de la sociedad; esta pasión acabará en boda y se tendrá muchos hijos.

**CASTAÑUELAS.**
(oír). Placer inesperado.
(usarlas). Se sentirá de pronto ansias de distraerse, de pasear, etc.

**CASTIGO.**
No se volverá a caer en la trampa.

**CASTILLO.**
Esperanzas quiméricas, en especial si el castillo es muy hermoso.
(en ruinas). Añoranzas de algo perdido.

**CASTOR.**
Es un presagio excelente, boda con una persona que con su previsión y su trabajo solucionará todo problema económico.

**CASULLA.**
Mediante vanas promesas intentarán sacar dinero.

**CATACUMBAS.**
Serias reflexiones, melancolía, tristeza sin razón.
(perderse en las). Temor a un acontecimiento importuno, que no llegará.

**CATALEPSIA.**
(ver a alguien). Uno de los amigos está amenazado por un accidente grave.
(verse uno mismo). El cerebro trabaja demasiado, hay que distraerse y descansar.

**CATÁLOGO.**
Si sueña que tiene un catálogo entre las manos, confíe en un mejoramiento en su actual estado, en particular tratándose de dinero.

**CATAPLASMA.**
(ver, hacer, aplicar a alguien). Se intentará volver a la razón a alguien, pero las advertencias serán en vano.

(ponerse uno mismo). Es el propio soñador quien cometerá esta locura.

### CATARATA.
Persona de violentos impulsos que se intentará guiar, aunque todo consejo será inútil.

### CATÁSTROFE.
En general indica una situación derribada, pero el significado es variable según el tipo de catástrofe; si se presta ayuda, el pronóstico es bueno siempre, en cuanto a consideración pública.

### CATECISMO.
Se darán buenos consejos pero no buenos ejemplos.

### CAUCHO.
Amigo sincero.

### CAUTERIO.
Doloroso remordimiento.

### CAUTERIZAR.
Consuelo a un gran dolor.

### CAUTIVERIO.
(en un campo enemigo). A los días desagradables sucederán otros muy felices.

### CAVAR.
Imprudencia que llevará a la enfermedad o ruina.
(en el suelo). Dificultades sin fin.

### CAVIAR.
Buen empleo de los fondos recibidos en herencia.

### CAZAR.
(ver a alguien). Intentan perjudicar al soñador.
(uno mismo). Esperanza que se realizará conforme al éxito de la caza, número de piezas cobradas y su tamaño.
(con perro). Se tendrán buenos ayudantes.

(ser herido o herir a alguien). Rivalidad comercial en la que se triunfará en el segundo caso y sucumbirá en el primero.

### CAZO.
Si el cazo está lleno de comida, señal de felicidad en su trabajo; pero si está vacío y quien lo sueña es persona viuda, pronto se volverá a casar.

### CEBAR.
(animales). Pariente o amigo holgazán que se tendrá que alimentar.

(cebarse). Abuso de placeres que causará una enfermedad.

### CEBOLLAS.
(crudas). Se llorará sin motivo razonable.

(cocidas). Reunión familiar.

### CEDRO.
Feliz ancianidad, amado por familiares y estimado por amigos.

### CEGUERA.
Si sueña con un ciego de nacimiento, deberá desconfiar de algún amigo que le rodea. Si es usted el ciego, habrá de procurar cuidarse de su vista, que debe andar mal.

### CELDA.
(de monje). Lujuria.

(de cárcel). Ver esta palabra.

### CELOS.
(sentir). Se sospecha indignamente de alguien que profesa un amor sincero.

(ser objeto de unos). Se acabará por cometer la acción que sospechan.

### CEMENTERIO.
Hallarse en un cementerio, augura una vida futura llena de paz y consideraciones.

### 🖋 CEMENTO.
Empresa duradera que se entregará en plena prosperidad a los descendientes.

### 🖋 CENA.
Compartir una cena en compañía de algunas personas, es anuncio de alegría y bienestar próximos. Si es uno mismo quien cena solo, será señal de situaciones difíciles.

### 🖋 CENIZAS.
Soñar con cenizas es de mal augurio. un allegado tuyo sufrirá grave enfermedad, que puede terminar con su muerte.

### 🖋 CENTAURO.
Arrebatado de pasión.

### 🖋 CENTENARIO.
(ver o ser). Vejez sin enfermedades ni achaques.

### 🖋 CÉNTIMO.
(ver o encontrar). Durante el día, se tendrá un golpe formidable de fortuna.

### 🖋 CENTINELA.
(ver). Prohibición de hablar con la persona amada.
(estar de guardia). El exceso de vigilancia traiciona tus celos.

### 🖋 CEPILLO.
Simboliza que perderá buenas oportunidades en cuanto al mejoramiento de su trabajo.

### 🖋 CERA.
Si es blanca, agradable reunión para tratar de boda próxima. Negra indica herencia. Roja malos negocios.

### 🖋 CERCADO.
Se es espiado.

### 🖋 CERDO.
(vivo). Buena suerte en el amor.

**✦ CEREALES.**

Si lo que come es trigo, maíz, avena, etc., tendrá inesperadas ganancias en sus negocios.

**✦ CEREMONÍA.**

Ver *Boda, Entierro*, según el caso.

**✦ CEREZA.**

Amorío agradable, que no durará más de una temporada; más agradable todavía si se cogen los frutos del árbol.

**✦ CERILLOS.**

Soñar con un cerillo cuya llama sea clara, éxito en su trabajo o negocio. Si está apagado, deberemos cumplir con nuestros compromisos para evitar fracasos.

**✦ CERRADURA.**

(ver). Se habla demasiado de los negocios.
(abrir). Cumplimiento de un deseo.
(cerrada o que no se puede abrir). Negativa.

**✦ CERRAR.**

(algo). Vigilancia útil.
(encerrar a alguien). Lo contrario.

**✦ CERTIFICADO.**

Recomendación útil.

**✦ CERVECERÍA.**

Tiempo perdido; la pereza puede arruinar.

**✦ CERVEZA.**

Beber un vaso de cerveza es augurio de fatiga y de cansancio, pero si toma varios vasos, sin llegar a emborracharse, será anuncio de un reposo y tranquilidad que usted se habrá ganado.

**✦ CÉSAR.**

Se tropezará con grandes obstáculos.

✦ *CESTA.*

(vacía). Es aconsejable comprar provisiones. Las verduras subirán de precio.

(llena). Según su contenido, ver la voz respectiva.

✦ *CESTO.*

Noviazgo. Visita de una señora fastidiosa.

✦ *CHACAL.*

Soñar con este hediondo animal, significa que debe ser sólo uno mismo quien ha de resolver sus cuitas y problemas, sin contar con ninguna otra persona.

✦ *CHAL.*

Llevar un chal blanco o de colores vistosos, indica disgustos pasajeros; si en cambio es negro o de colores obscuros, augurio de pesares y lágrimas. Si sueña que lo está comprando, señal de matrimonio inesperado. Si lo está vendiendo, molestias y contratiempos.

✦ *CHALECO.*

Debes procurar evitar despilfarros de dinero, con lo cual acrecentarás tu fortuna. Gastarlo tontamente, te llevará a la ruina.

✦ *CHAMPAÑA.*

Soñar con champaña, indica que no debes dilapidar tu caudal, so pena de perder lo que tienes.

✦ *CHAMPIÑÓN.*

Tanto si sueñas que los comes como si los ves comer, anuncio de larga y venturosa vida.

✦ *CHANTAJE.*

(ser víctima). Intriga descubierta.

(entregarse). La mala conducta será conocida por todos.

✦ *CHAPOPOTE.*

Si la persona que lo sueña se halla enferma y ve que alguien le unta el cuerpo con él, pronto se aliviará gracias a una eficaz medicina que le recetará un amigo.

✦ *CHAPUZÓN.*
Negocio mal llevado; gestiones inútiles.

✦ *CHARCO.*
Dificultades.
(de agua). Día de aburrimiento.
(de fango). Calumnia.

✦ *CHARCUTERÍA.*
Todos los productos cocidos o no de charcutería, significan alegría y diversiones entre amigos; los productos salados indican un retraso.

✦ *CHARLA.*
(oír). Accidente en el barrio.
(entregarse a la). Se quemará el asado.

✦ *CHARLATÁN.*
Si en sueños se compra algún artículo que él venda, hay que vigilar a una persona muy desenvuelta que busca influencia; si se cede, será ruina.

✦ *CHARLATANERÍA.*
(oír). Se sufrirá una estafa en una compra. Noviazgo deshecho.

✦ *CHEQUE.*
Intentarán estafarte.

✦ *CHÍCHAROS.*
Si usted sueña que simplemente los compra, es buena señal, que significa que pronto llevará a cabo una de sus más deseadas ilusiones. En cambio, soñar que los come, anuncio de graves problemas.

✦ *CHICLE.*
Soñar que es uno mismo quien lo masca, augurio de habladurías y maledicencias. Ver a otra persona mascarlo, pérdida de caudales.

## ✦ CHILES.

Esté alerta con alguno de sus vecinos cuya lengua viperina puede acarrearle muchos disgustos.

## ✦ CHIMENEA.

Los padres seguirán manteniendo al soñador.

(sin fuego). La familia se preocupa poco por uno mismo.

(ver a alguien encaramarse). Sorpresa por la situación próspera de alguien que se creía en la ruina.

(ver a alguien salir por la). No hay que decir a nadie que se tiene dinero.

(meterse uno mismo en la). Encuentro con alguien que se sorprenderá.

## ✦ CHINCHES.

Prepárese a pasar por una vergüenza que mucho habrá de apenarle.

## ✦ CHINO.

Soñar con un solo chino, señal de un próximo y agradable viaje. Si hace negocios con él, aumento de prestigio y de pingües ganancias. Si con varios chinos con quienes sueña, ese mismo negocio puede fracasar.

## ✦ CHISME.

Si se sueña con gentes chismosas, tal sueño no puede traer más que chismes.

## ✦ CHISPA.

Ver chispas en sueños, no es cosa grata. Mas tenga en cuenta que si se halla en escaseces y contrariedades, éstas pronto cambiarán en abundancias y felicidad. Pero esté alerta, puede ser también augurio de un incendio.

## ✦ CHOCOLATE.

(ver). Negro o negra enamorados.

(comer). Habrá boda.

### CHOFER.

Si es usted quien maneja el automóvil, señal de penas y contrariedades. Si es otra persona quien lo conduce, pequeña aventurilla amorosa.

### CHORIZO.

Soñar que come chorizo, ganancia de dinero.

### CHOZA.

Hallarse solo en una choza, le avisa descanso y tranquilidad. Si en ellas también se encuentran otras personas, pronto adquirirá una buena amistad. Pero si la choza está abandonada, sufrirá la pérdida de uno de sus mejores amigos.

### CHUCHERÍA.

(ver o comprar). Se tendrá muy pronto un encuentro agradable.

### CICATRIZ.

Olvido, pena consolada.

### CICERONE.

Datos inciertos, consejos sin aclarar.

### CICLISTA.

(ver). Excursión fracasada.
(montar en bicicletas). Consecución de uno de los mayores deseos.
(accidente o caída). Si se trata de otro, alegría por no haber salido de casa; si el accidente ocurre a uno mismo, castigo por haberse escapado.
(carreras). Pérdida de dinero.

### CICLÓN.

La situación cambiará.

### CICLOPE.

Hombre cruel del que se vengará.

## CIEGO.

(según su claridad). Existencia apacible o atormentada.
(ser). Fallecimiento del padre o de la madre.
(que recobra la vista). Curación insospechada.

## CIELO.

(según su claridad). Existencia apacible o atormentada.
(con alguna nube). Se avecinan graves preocupaciones.
(tormentoso). Teme una desgracia.
(estrellado). Mejora de posición.

## CIEN.

Ver el número 100 presagia un gran relajamiento de intestinos.

## CIÉNAGA.

Han tendido una enboscada.

## CIERVO.

(ver o cazar). No hay que entrometerse demasiado en el
hogar ajeno.
(ser amenazado por un). Cuidado con los cuernos.
(ser herido por un). Guárdese la cabeza.

## CIGARRO.

Si está encendido, denota amistad. Estando apagado, contrariedades.

## CIGARRA.

(oír una). Pan asegurado durante seis meses.
(ver una). Aviso para que se tenga más previsión.

## CIGÜEÑA.

(padre o amigo abnegado, maltratar o matar). Ingratitud.
(ver matar una). Pérdida de un afecto.
(darle de comer). Se recibirá un gran favor.

## CILICIO.

(ver). Momento oportuno para arrepentirse de los pecados.
(llevar). Pena inconsolable.

➤ *CILINDRO.*
Habrá un buen amigo que allanará dificultades.

➤ *CÍMBALOS.*
Goces de la vida del campo.

➤ *CINC.*
Afecto que no resistirá los embates del destino.

➤ *CINCEL.*
(de escultor). Adquisición de un mueble o un objeto.

➤ *CINEMATÓGRAFO.*
Si al ver una película aparece usted en ella, procure recurrir a su buen sentido para salir con buen éxito de asuntos que le atañen. El ver la cámara funcionando, pronto se enterará de algún secreto.

➤ *CINTURA, CINTURÓN.*
Temple de fuerzas que va a ser necesario.
(deshacer). Concesión de favores.
(demasiado). Gran prosperidad.

➤ *CIPRÉS.*
Es símbolo de melancolía. Si los ve en un cementerio, demuestran fidelidad más allá de la muerte.

➤ *CIRCO.*
Los esfuerzos y trabajos que realiza actualmente, tendrán feliz resultado, aunque no en breve tiempo. Sea paciente.

➤ *CÍRCULO.*
(ver). Esperanzas realizadas.
(dibujar). Los negocios tendrán éxito gracias a la diplomacia.

➤ *CIRIO.*
(aguantar). La persona que se amará es tan inútil como molesta.
(ver). Ánimo, demasiada blandenguería.

### 🖋 CIRUELA, CIRUELO.
Promesa de matrimonio que se romperá si en sueños se comen ciruelas.

### 🖋 CIRUJANO, CIRUGÍA.
Enfermedad de un allegado o accidente grave si se ve la intervención.

### 🖋 CISNES.
(en tierra). Lloverá durante el día.
(en el agua). La persona que se ama es franca y fiel.

### 🖋 CISTERNA.
(llena). Hay un niño en peligro.
(vacía). Las leguminosas son caras esta semana.
(caer). Hay que aprender a desenvolverse mejor.

### 🖋 CITA.
Si la cita que sueña es amorosa, señal de placeres, aunque con muchos peligros.

### 🖋 CIUDAD.
Si sueña con la ciudad en que usted nació, hallándose ausente de ella, tendrá un día de pesar y melancolía. Si usted se extravía en ella, por desconocer su topografía, tendrá un feliz cambio en su vida.

### 🖋 CIUDADELA.
Asistiéndonos la razón y el derecho, triunfaremos en nuestros asuntos.

### 🖋 CLARA DE HUEVO.
Indisposición.

### 🖋 CLARÍN.
Tocar o escuchar un clarín, significa que recibirá una grata noticia que nos esperaba.

### 🖋 CLARO.
Período de paz después de largas angustias.

(ver). Llamará la atención algo muy interesante; se pondrán al descubierto actos innobles.

### ✦ CLASE.
Ver *Escuela*.

### ✦ CLAUSTRO.
Ha de procurar cuidarse de alguien que se le presentó como buen amigo.

### ✦ CLAVEL.
(blanco). Absoluta.
(rojo). Pasión ardiente.
(amarillo). Celos.
(mezclado). Amor desdeñado.

### ✦ CLAVOS.
Soñar con clavos, presagio de habladurías contra nuestro proceder y dignidad; pero si soñamos que los estamos clavando, las personas que puedan habernos menospreciado, vendrán a darnos excusas.

### ✦ CLÍNICA.
Ver *Hospital*.

### ✦ CLISE.
La misma historia contada dos veces.

### ✦ CLOACA.
No hay que dejarse arrastrar al lodo.

### ✦ CLOROFORMO.
Olvido completo de las desgracias.

### ✦ CLUB.
Pérdida de tiempo y dinero.

### ✦ COBIJA.
Si la cobija que lo cubre es nueva y limpia, señal de ayuda de familiares o amigos. Si está sucia, indica anuncio de tragedia por muerte o accidente.

**COBRE.**
Simpatía incipiente que pronto se convertirá en afecto.

**COCER.**
Ver *Pescados* o el aliento cocido.

**COCINA, COCINERO, COCINERA.**
Pronostica la invitación a un banquete. Ver el aliento que llame la atención.
(ser cocinero). Una persona de confianza planea una estafa.
(tomar a su servicio una cocinera). Aumento de ingresos.
(despedirla). Lo contrario.

**COCO, COCOTERO.**
Relaciones con una persona superficial y charlatana.

**COCODRILO.**
Alguien labra la perdición del soñador, bajo apariencia de interés por su bien.

**CÓDIGO.**
(consultar). Pérdida de tiempo y dinero.

**CODO.**
Afición a la bebida.
(codazo). Intento de llamar la atención.

**CODORNIZ.**
(viva). Adquisición conseguida por la gula. Ver *Cazar*.

**COFRADE, COFRADÍA.**
Celos entre personas del mismo sexo.

**COFRE.**
Envidia, deseo que no alcanzará satisfacción.

**COHETE.**
Próxima noticia que llenará de sorpresa y felicidad.

**COJO.**
Soñar con una persona coja, le anuncia que será invitado a una fiesta donde creará una amistad que mucho podrá

favorecerle. Si aparece que es uno mismo el cojo —o que cojea—, desengáñese de momento de los proyectos que se había forjado.

### ✦ COLA.

Soñar con la cola de un animal, es indicio de que la persona a quien acaba de conocer no es gente de fiar. No obstante, si la cola es desmesuradamente larga, esa amistad le será a usted beneficiosa.

### ✦ COLADA.

Perdón de una ofensa, olvido y reconciliación.

### ✦ COLARSE.

Alguien conseguirá sus propósitos sin que nadie consiga explicarse cómo.

### ✦ COLCHÓN.

Si aparece que es uno mismo quien duerme sobre un colchón nuevo, será motivo de cosas agradables; pero si el colchón está viejo y sucio, demuestra negligencia por su parte en todos sus trabajos y asuntos, por lo cual deberá rectificar su proceder.

### ✦ COLECCIÓN.

(ver). Relaciones con un maniático.
(coleccionar). Adquisición de amistades influyentes.

### ✦ COLECTA.

Burla sin malicia.

### ✦ COLEGIO.

Soñar que asiste a un colegio o escuela, significa apoyo y ayuda de amigos. Siendo usted en su vida real persona mayor, es señal de que no toma la vida con la seriedad propia de sus años.

### ✦ CÓLERA.

Ver a alguien encolerizado presagia una disputa con una persona que se aprecia mucho.

### ✦ COLORES, COLIFLOR, COL DE BRUSELAS.

(ver *Cocer* o *Comer*). La persona que enamorada, está revestida de cualidades internas y es bella por eso.

(plantar o recoger). Las economías permitirán descansar·a la vejez.

### ✦ COLGAR.

(algún objeto). Las necesidades pecuniarias conducirán al soñador en manos de un usurero.

(a alguien). Celos sin fundamento.

(ver a un ahorcado). Placer sensual.

(descolgarlo). Durante el día se tendrá muy buena suerte.

### ✦ COLIBRÍ.

La mujer soltera que sueñe con esta linda avecilla y tenga novio, conocerá a otro hombre que habrá de ser su amor verdadero. Si ya es casada, sus relaciones conyugales mejorarán notablemente. Si el hombre es quien lo sueña, indica aviso de una próxima aventura.

### ✦ CÓLICO.

Se tendrá mucho miedo durante el día.

### ✦ COLIRIO.

Atención a lo que sucede alrededor.

### ✦ COLLAR.

Síntoma de maledicencias y calumnias. Si es de oro, augura decepciones; de piedras preciosas, habladurías de mujeres.

### ✦ COLMENA.

Actividad en la colmena, riqueza y prosperidades. Colmena abandonada indica enfermedad.

### ✦ COLMILLO.

Si se trata de sus propios colmillos que pierde por accidente o intervención del dentista, señala pérdida de parientes cercanos. Si sueña con colmillos de elefante, símbolo de prosperidad.

**✦ COLÓN.**
Fortuna adquirida viajando.

**✦ COLOSO, COLOSAL.**
Ver un objeto, una estatua o persona de dimensiones colosales, significa aumento de bienes; verse de un tamaño superior al normal anuncia una recompensa, altas dignidades.

**✦ COLORES.**
El blanco, señala paz y armonía. El negro es símbolo de tristeza, melancolía y luto. El azul, satisfacción y alegría. Si es rojo, noticias inesperadas y no muy buenas. Rosa, sentimientos nobles y amorosos. Si el color es verde, esperanzas. Violeta, melancolía.

**✦ COLUMNA.**
(ver). Ayuda eficaz, apoyo verdadero.
(subir). Decadencia, caída provocada por una empresa superior a toda fuerza.

**✦ COLUMPIO.**
(funcionando). Se sorprenderá a una persona desvestida.
(si se monta en él). Placeres sensuales.

**✦ COMADREJA.**
Mujer que intenta ganar la confianza del sujeto para perderlo.
(cazarla o matarla). Intriga descubierta.

**✦ COMBATE.**
Ver *Batalla*. El mismo significado, pero atenuado.

**✦ COMEDIA, COMEDIANTE.**
Ver *Teatro*.

**✦ COMER.**
Ver a otros comiendo significa que se invitará a varios amigos.
(algo bueno). Augura excelente salud.
(uno mismo). Rogarán que se asista a un banquete.

(ver a alguien comer con glotonería). Amenaza un asalto nocturno o una invasión de parásitos.

(no poder). Cuando aún se tengan medios para disfrutar de la vida, no quedará ni un diente.

## COMERCIO.
(dedicarse). Tristeza, melancolía, crisis.

(si es próspero). Pérdida.

(si va de mal en peor). Lo contrario.

## COMETA.
Soñar con un cometa, augura enfermedad efímera.

## COMEZÓN.
Sentir comezón por todo el cuerpo, buena señal, pues augura dinero.

## COMIDA.
Estar comiendo en una mesa llena de ricas viandas, anuncio de íntimas satisfacciones. Si los platillos que se comen son los que se sirven en un hogar humilde, signo de adversidades. Comer solo uno mismo, indica pérdida de prestigio; pero si se halla acompañado de familiares y amigos, serán agasajos y honores los que le esperan.

## COMISARIO.
Ver *Agente de Policía.*

## COMITÉ.
Pérdida de tiempo y dinero.

## COMITIVA.
(ver). Muchos amigos piensan en uno mismo.

(formar parte). Hay otros que persiguen el mismo ideal.

## CÓMODA.
Ver *Armario.*

## COMPADRE.
Es un buen sueño, pues indica amor correspondido y próximo matrimonio.

✦ *COMPÁS.*
Ir de compras es señal de alegría y felicidad.

✦ *COMPETENCIA.*
Ruina absoluta.

✦ *COMPLOT.*
(de otros). Se difunden calumnias sobre el soñador.
(en que se toma parte). Pérdida de posición.

✦ *COMPONER.*
(versos, música, etc.). Se anudarán relaciones con una persona inteligente.

✦ *COMPRAS.*
Ir de compras es señal de alegría y felicidad.

✦ *COMUNIÓN.*
(ver hacer). Reunión familiar.

✦ *CONCESIÓN.*
(hacer). Armonía en el hogar.
(de terreno). Hay que preparar el testamento.

✦ *CONCILIACIÓN.*
Discusión en la que nadie querrá ceder.

✦ *CONCILIO.*
Peligroso complot con el propósito de despojar de sus bienes al que sueña.

✦ *CONCORDATO.*
No habrá acuerdo.

✦ *CONCUBINATO.*
Se intentará en vano librarse de una pasión tiránica.

✦ *CONCURSO.*
Tomar parte en un concurso pronostica una buena recompensa al trabajo.
(ver). Búsquese en los objetos expuestos.

✦ *CONCHA.*
Viaje durante el cual sucederán muchas aventuras.

✦ *CONDE, CONDESA.*
Ver *Barón, Baronesa.*

✦ *CONDECORACIONES.*
Las que tienen forma de cruz son siempre un mal pronóstico: diligencias inútiles, preocupaciones, graves disgustos si son de un orden de categoría o numerosas. Las medallas, por el contrario, presagian una justa recompensa.

✦ *CONDENA.*
Si ésta proviene de un juez, lamentable aviso de que se halla en peligro la paz y tranquilidad de su matrimonio.

✦ *CONDUCTA.*
Disputa, riña entre amigos.

✦ *CONEJO.*
(ver o comer). Si se mata un conejo significa que mantendrán la palabra dada; en caso contrario, promesa incumplida.

✦ *CONFECCIÓN.*
Hay que seguir el plan, es una buena idea.

✦ *CONFERENCIA.*
Hay que seguir la advertencia de los expertos.

✦ *CONFESIÓN.*
Remordimiento por una falta en la que se caerá de nuevo, si dan la absolución.
(ver un confesonario). No hay que ceder ni un poco, o se habrá de lamentar.
(que se hace). Se recibirá un a confidencia.
(si es uno mismo quien la hace). Lo contrario.

✦ *CONFETI.*
(ver). Preparan una sorpresa.
(tirar o recibir). Galanteo, proposiciones amorosas.

🖋 *CONFIDENCIA.*
(hacer). Confiará un secreto.
(recibir). Al contrario.

🖋 *CONFIRMACIÓN.*
Bofetada o patada que se recibirá sin atreverse a devolver.

🖋 *CONFISCACIÓN.*
Se saldrá perjudicado en la adjudicación de una herencia.

🖋 *CONFITERÍA.*
Regalo con miras interesadas.

🖋 *CONGESTIÓN.*
El mismo significado que apoplejía.

🖋 *CONGRESO.*
Muchas palabras y diligencias inútiles.

🖋 *CONJUGAR.*
(un verbo). Explicaciones detalladas.

🖋 *CONQUISTA.*
Contratiempo.

🖋 *CONSEJO.*
(dar). Reconciliación que se conseguirá.
(recibir). Harán idéntico servicio.

🖋 *CONSENTIMIENTO.*
Negocio fracasado.

🖋 *CONSERJE.*
Ver *Portero.*

🖋 *CONSERVAS.*
Si se sueña con botes de conservas, deberás no ser tan pródigo atendiendo males ajenos. Es hermosa la caridad, pero con mesura.

✦ *CONSERVATORIO.*

Permiso conseguido bajo pretexto de negocios urgentes, padres enfermos, etc., y que se aprovechará para una excursión.

✦ *CONSIGNA.*

(de estación). Secreto revelado confidencialmente.
(si se saca algo). Secreto traicionado.

✦ *CONSOLAR.*

(a alguien). Le señalarán a uno con el dedo.
(ser consolado). Estima pública.

✦ *CONSULTA.*

Si sueña que consulta con un abogado, cuida de su dinero; si con un médico, de su salud.

✦ *CONSTIPADO.*

Pérdidas y gastos tanto mayores cuanto más molesto sea el catarro, bronquitis o resfriado.

✦ *CONTABILIDAD.*

(cuentas): Ver *Cálculo.*

✦ *CONTAR.*

(una historia). Éxitos en sociedad.

✦ *CONTEMPLAR.*

Sabiduría que dará la paz de espíritu.

✦ *CONTENTO.*

Desarrollo de las facultades molares.

✦ *CONTONEARSE.*

(ver a alguien): Emplearán gran afectación para seducir.
(uno mismo). Fatuidad injustificada.

✦ *CONTORSIONES.*

Picaduras de pulga, abeja, hormiga, etc.

✦ *CONTRABAJO.*
Declaración de amor, afecto profundo y duradero.

✦ *CONTRABANDO.*
(hacer). Anulación de contrato.
(ver contrabandistas). Ingresos imprevistos.

✦ *CONTRASEÑA.*
Placer insatisfecho, que dejará el deseo de repetirlo.

✦ *CONTRATO.*
Si el que se firma es para rentar una casa, motivo de alegría y prontas noticias de satisfacciones. Si es usted quien los hace firmar, también será anuncio de prosperidad y aumento de sus caudales.

✦ *CONTRAVENCIÓN.*
Descubrimiento de un flagrante delito.

✦ *CONTRAVENENO.*
Disgusto y gran alegría en el mismo día.

✦ *CONTRIBUCIÓN.*
(recibir aviso o pagar). Gastos, pérdida imprevista.

✦ *CONVALECENCIA.*
Grave peligro sorteado con éxito.

✦ *CONVENTO.*
(ver). Quieren forzar la propia libertad.
(entrar). Boda a disgusto.
(escapar). Libertad que, si se es solo en la fuga, se tendrá un buen uso.

✦ *CONVERSACIÓN.*
Se saldrá perdiendo con el cambio.

✦ *CONVOCATORIA.*
Se saldrá perdiendo con el cambio.

✦ *CONVULSIÓN.*
Noticias desgarradora.

🖋 *COPA.*

Soñar con copas es buen augurio de desaparición de las dificultades que le agobian. Pero debe procurar alejarse de la supuesta amistad de algunas gentes que le rodean, quienes sólo buscan su interés.

🖋 *COPIAR.*

(ver). Se es tomado por ejemplo.

(uno mismo). No hay que creer lo que dicen todos.

🖋 *COPÓN.*

Se sufrirá una gran estafa que hará perder dinero.

🖋 *COQUE.*

Ver *Carbón.*

🖋 *COQUETA.*

(ver). Decepción.

(ser). Pérdida de afecto.

🖋 *CORAL.*

Se recibirá un regalo que aportará beneficios.

🖋 *CORÁN.*

No se seguirá un buen consejo.

🖋 *CORAZA.*

Protector influyente que cuida de uno mismo.

🖋 *CORAZÓN.*

(oír de cerca). Declaración impertinente de amor, de lejos). Petición de mano por carta que será aceptada.

(sufrir del corazón). Indigestión.

(dolorido). Pérdida de afecto.

(ver un corazón humano). Se está martirizando a alguien que nos quiere con locura.

(de animal). Animal extraviado.

🖋 *CORBATA.*

Si sueña que se la estás poniendo, anuncio de enfermedad. Cuídese de los enfriamientos.

✦ **CORCHO.**
Aunque sólo sea un tapón de corcho de una botella con lo que sueña, significa que, con su recto proceder, sacará de apuros a sus familiares.

✦ **CODEROS.**
(ver): Acuerdo con todos los que nos rodean.
(si son maltratados o corren peligro). Se conseguirá cuanto se desee de los subordinados.

✦ **CORNEJA.**
El mismo significado que cuervo, pero de menor importancia.

✦ **CORNISA.**
Concederán una condecoración.

✦ **CORONA.**
Presagia éxitos afímeros seguidos de una decepción terrible.
(de flores). Pureza, sinceridad, lazos amorosos.
(de espinas). Penas punzantes.

✦ **CORPIÑO.**
Comodidad y bienestar familiares.

✦ **CORRAL.**
Siendo usted quien lo cuida, recibirá justo premio a su laboriosidad. En cambio, si no te preocupa de él, logrará un amor que puede ser correspondido.

✦ **CORREA.**
Si no se toma una decisión, aplastarán los competidores.
(ver). Precaución descuidada.
(si se rompe). Este descuido llevará a serios disgustos.

✦ **CORRECCIÓN.**
(dar). Un imbécil faltará el respeto.
(recibir). El rival triunfará.
(de imprenta). El buen aspecto externo hará triunfar.

✦ *CORREDOR.*
(ver). Fracaso.
(atravesar). Éxito.

✦ *CORREO.*
Entrar a una oficina de Correos para recoger alguna carta, presagio será de que la mujer que usted ama no habrá de corresponderle en sus amores.

✦ *CORRER.*
(uno mismo). Se llegará a la meta antes de lo que se cree.
(si se intenta y no se puede). Obstáculo a los deseos.
(ver gente). Acontecimiento público. Ver *Carreras.*

✦ *CORROSIVO.*
Remordimientos punzantes.

✦ *CORRUPCIÓN.*
Ver cosas o personas corrompidas indica que los que están al cuidado de uno mismo reciben malos ejemplos.

✦ *CORSARIO.*
Será ganado por sorpresa, lo cual resultará agradable.

✦ *CORSÉ.*
(nuevo). Fidelidad.

✦ *CORTAPLUMAS.*
(ver). Afecto próximo a perderse.
(dado): Separación.
(usarlo). Engaño entre esposo o amante.

✦ *CORTAR.*
(sin motivo). Es un buen signo. Ver *Pan, Árbol, Libro,* etc. Por el contrario, cortar un anillo, vestidos, en una palabra, cuanto indique destrucción, presagia una separación.
(ver el objeto cortado, cortarse). Confesión torpe. Ver *Amputación, Guillotina.*

🍃 *CORTE.*

Hacer la corte a alguien significa fracaso; si la hacen a uno mismo hay que prever un embarazo.

🍃 *CORTESANO.*

Tantas adulaciones se dirigen a la propia perdición.

(ver). Una de las amistades acabará mal, hay que evitar las relaciones con ella; pérdida de posición.

(ser). La pereza a vanidad serán la perdición.

🍃 *CORTEZA.*

Advertencia de que se vigile el negocio propio y no el ajeno, en caso contrario habrá bancarrota.

🍃 *CORTINAS.*

Aventura amorosa que se guardará secreta.

🍃 *CORTO.*

Ser bajo o servirse de un objeto demasiado corto indican que se calcularon mal las fuerzas al emprender un negocio.

🍃 *COSACOS.*

Se trata con personas sin cultivar.

🍃 *COSECHAS.*

Situación consolidada, fortuna segura. Si es rica, augura abundancia de bienes; si no hay que temer el porvenir.

🍃 *COSER.*

(uno mismo). Pronóstico excelente en el sentido de armonía en el hogar, atenciones mutuas.

(ver): Ejemplo de los vecinos.

🍃 *COSMÉTICOS.*

Ver *Pomada.*

🍃 *COSTA.*

(pintoresca arenosa). Existencia pacífica o agradable.

(rodeada de arrecifes, cubierta de rocas y bordeada por acantilados). Preocupaciones, dificultades a vencer.

(ser arrojado a la costa o encallar). Proyecto incumplido; empresa que acaba mal.

(salvarse o ganar la costa). Todo se arreglará.

### ✦ COSTILLAS, CHULETAS.
Alumbramiento prematuro.

### ✦ COTIZACIÓN.
Favor prestado.

### ✦ CRÁNEO.
Se perderán los cabellos.

### ✦ CRECER.
Verse crecer augura una recompensa, una alta dignidad o un incremento de bienes.

### ✦ CRECIDA.
(de agua). Aumento de bienes si no hay inundación.

### ✦ CRECIMIENTO.
(de un objeto). Aumento de bienes.

(de una persona). Ascenso de algún conocido.

(de uno mismo). Recompensa.

### ✦ CRÉDITO.
Noticia desagradable.

### ✦ CREMA.
Día de diversiones durante el cual se recibirán muchos mimos.

### ✦ CREMALLERA.
Pan seguro por largo tiempo.

### ✦ CREPÚSCULO.
Si es bonito, vejez feliz.

### ✦ CRESTA.
(de gallo). Vanidad que creará enemistades.

**✦ CRETINO.**
(ver). Niño enfermo.
(ser). Posición o dinero perdidos por estupidez.

**✦ CRIMEN.**
(ver o cometer). Convalecencia, riña con los padres.

**✦ CRIOLLO, CRIOLLA.**
Se anudarán relaciones amistosas con un extranjero.

**✦ CRISANTEMO.**
Dolor inconsolable, recuerdo imperecedero.

**✦ CRISIS.**
Dificultades pasajeras.

**✦ CRISTO.**
Ver a Cristo bajo cualquier apariencia, es un pronóstico favorable, penas superadas, consuelos, moral recuperada.

**✦ CRUDO.**
Comer crudos los alimentos que normalmente se cuecen, presagia una miseria externa.

**✦ CRUJIDO.**
Recuerdo de los muertos que se han querido; si es un crujido violento, es que se les ha olvidado demasiado.

**✦ CRUJIR.**
Ahorros desvanecidos.

**✦ CRUZ.**
Todo objeto en forma de cruz presagia grandes sufrimientos.
(militar). Ver *Condecoración*.

**✦ CRUZADA.**
El ausente está engañado.

🦅 *CUADERNO.*
Orden o desorden, según estén sucios o limpios.

🦅 *CUADRA.*
(vacía). Pérdida de bienes.
(con animales). Ver *Caballos, Bueyes,* etc.
(dormir en una cuadra). En una temporada de penuria, se encontrará ayuda.

🦅 *CUADRADO.*
Augurio de una posición estable muy sólida.

🦅 *CUADRANTE.*
Hay que emplear mejor el tiempo.
(solar). Es mejor levantarse más temprano.

🦅 *CUARESMA.*
Durante un período bastante largo no se tendrá nada que llevarse a la boca.

🦅 *CUBETA.*
No hay que divulgar los asuntos familiares.

🦅 *CUBRIR.*
Cualquier cosa o cubrirse, precaución que evitará una pérdida o una enfermedad.

🦅 *CUCHARA.*
Invitación a cenar en casa de unos amigos.

🦅 *CUCHILLADA.*
(ver): Enfermedad de uno de los padres.
(recibir). Grave afrenta.
(dar). Daños al projimo.

🦅 *CUCHILLO.*
(ver). Disputa.
(dado o recibido). Amigos que se convertirán en enemigos.

(matar). Castigo.
(oír). Infidelidad.

### CUELLO.
Gustan demasiado las baratijas.
(corto). Amenaza de apoplejía.
(largo). Persona curiosa que está espiando.
(cortado). Esperanza destrozada repentinamente.

### CUENTO.
(oír). Una persona encantará por su facilidad de expresión, pero cuidado con creer cuanto diga.
(contar uno mismo). Los que rodean profesan sincero afecto.

### CUERDA.
Si usted sueña que compra una cuerda, señal de que sus asuntos no andan bien. Si la vende, deberá desconfiar de ciertas habladurías. Si la cuerda está en buen estado, indica salud y larga vida. Gastada o rota, augurio de honores y poder.

### CUERNOS.
(ver). La imaginación se entromete en el hogar ajeno.
(ser amenazado). Cuidado con el cariño.
(ser herido o llevar). Se perderá el afecto de la persona amada.

### CUERO.
(ver). Malas compañías.

### CUERPO.
Verse con su propio cuerpo enflaquecido, problemas y contrariedades en la vida. Si sueña que su cuerpo está sano y robusto, símbolo de bienestar y de riquezas.

### CUERVO.
Mal augurio para la salud de los que se aman, sobre todo si son varios y se oyen graznar.

### CUEVA.
Los acontecimientos desagradables que se temen no se realizarán.

### CULTO.
Ver ceremonias de culto significa que están jugando con uno.

### CUMBRE.
Soñar con la cumbre de algún monte, es significado de distinciones y honores en su trabajo. También puede ser buena señal de consecución de riquezas.

### CUMPLEAÑOS.
(propio). Se tendrán que hacer regalos.
(de otro). Se recibirán regalos.

### CUNA.
La cuna con el niño dentro de ella, advierte de que llegará a numerosa familia. Pero si la cuna se encuentra vacía, es posible que la futura madre tenga dificultades en su próximo alumbramiento.

### CUÑADO.
Riña sin consecuencias.

### CUÑADA.
Disputa familiar.

### CÚPULA.
(ver). Antes de conseguir el descanso, se deberá trabajar mucho tiempo.

### CURA.
Tratamiento médico. Buenos propósitos que tendrán eficacia si la cura tiene éxito.

### CURAR.
Pronóstico excelente en el mismo sentido.

🖋 *CURASO.*

Boda con una excelente ama de casa.

🖋 *CURIOSO.*

Se recibirá un rapapolvo.

🖋 *CURSO.*

Seguir un curso de estudios de cualquier clase presagia que con los éxitos se conquistará el favor de un potentado o persona influyente.

# D

**DADOS.**

Soñar que usted juega una partida de dados, le anuncia habladurías de los vecinos o del lugar donde trabaja. Verla jugar, tendrá motivo para alegrarse en breve del triunfo de algún familiar. O bien podría ocurrir que se sacara un buen premio en la lotería.

**DAHOMEY.**

Visita a un conocido.

**DALIA.**

Se conocerá a una persona de gran belleza, pero cuyo corazón es insensible.

**DAMA.**

Si la dama con quien sueña es un dechado de elegancia, augura relaciones engañosas. Ver a varias damas reunidas, procure guardarse de murmuraciones.

**DAMAS.**

Tratándose del juego de damas, señal de malos negocios.

**DANZA.**

Si usted está bailando, pronto contraerá una buena y conveniente amistad.

**DAÑOS.**

Malgasto, averías en la casa.

**DAR A LUZ.**

(ver). Noticias, tanto mejores cuanto más fácil sea el alumbramiento.

(ayudar). Se recibirá un favor.

(una misma). Resultados felices en las propias empresas.

(mellizos). Gran prosperidad.

(a un monstruo o a un niño muerto). Catástrofe.

**DÁTIL.**

Símbolo de alegría y de buena salud.

**DEBER.**

(hacer deberes). Recompensa, vacaciones.

**DEBILIDAD.**

(ver a alguien). Se curará de una enfermedad grave.

(uno mismo). Amenaza dicha enfermedad.

**DECÁLOGO.**

No se seguirán los consejos de la prudencia.

**DECLAMAR.**

(oír). Por una nimiedad van a hacer un drama.

(uno mismo). Se habla demasiado, no hay quien lo aguante.

**DECLARACIÓN.**

(hacer o recibir). Si se trata de un amor serio, pronto se hallará correspondencia; si al contrario, es un amorío, habrá pelea.

**DECRÉPITO.**

(ver a alguien). Desfalco.

(verse). La cuenta bancaria está en peligro.

**DEDAL.**

Soñar con un dedal, llevándolo usted puesto, anuncio de bienestar familiar. Si es persona casada, señal de herencia.

**DEDICATORIA.**
(ver). Se recibirá un cumplido.
(escribir). Será uno mismo quien haga dicho cumplido.

**DEDOS.**
Si están cargados de aniños, indica orgullo que puede ocasionarle contrariedades. Si sueña que tiene más de cinco dedos en la mano, anuncio de herencia. Si los dedos son pequeños o aparecen cortados, pérdida de familiares o amigos.

**DEFENDER.**
(a alguien contra un peligro). Agradecerán un favor.

**DEGOLLAR.**
No debe preocuparle si usted sueña que le corta el cuello a un semejante, ya que este sueño indica en la vida real que hará un gran favor con fines benéficos a la persona a quien usted degüella. Si, por contra, sueña que alguien le degüella, esa misma persona será quien le ayudará para resolver sus problemas.

**DEGRADACIÓN.**
Malgastar, avería en la casa.

**DELANTE.**
Estar delante de un barco, de una tropa, es siempre señal de aumento de salario, próximo ascenso, etc.

**DELATAR.**
Si delatas a una persona, sufrirás enfermedades y tristezas.

**DELEGACIÓN.**
Diligencias inútiles.

**DELFÍN.**
Una persona de posición social más elevada se enamorará de uno mismo y al poco tiempo se olvidará.

**DELIBERAR.**
Mientras se duda, otro tomará la delantera.

**DELICIAS.**
Desarrollo de las facultades físicas y morales.

**DELIRIO.**
Pasión que atormentará.

**DEMONIO.**
Si no molesta o se porta bien se debe temer a los enemigos. Si prepara trampas, persigue, etc., no hay que temer, es al contrario; tenerlo en la cartera o en el bolsillo, amenaza de locura; en una caja, sorpresa agradable; si se invoca o se hace un pacto con él, inspiración funesta.

**DENTISTA.**
Si lo ves o te atiende en su profesión, serás víctima de engaños.

**DEPILAR.**
Corazón que cesa de amar.

**DEPORTADO.**
(ver). Adiós a un militar.
(ser). Separación forzosa.

**DEPOSITAR.**
(hacer). Abuso de confianza.
(recibirlo). Garantía de honradez.

**DEPURAR.**
(un líquido). Ordenación de facturas.

**DERECHO.**
Un objeto anuncia un negocio con una persona noble, digna de toda confianza.
(ocuparse en cuestiones). Pérdida de tiempo y dinero.

**DERRAMAR.**
Soñar que derrama vino, símbolo de alegría. Otros líquidos, tropiezos en tu trabajo o negocio.

**DERROCHAR.**

Ver *Dinero*.

**DERRUMBAMIENTO.**

Es un presagio pésimo, esperanzas fracasadas, pérdida de situación, etc.; si hay algún herido desesperación, enfermedad mental, ideas sucias.

**DESABROCHAR.**

(a alguien). Confidencia.

(desabrocharse). Se habla demasiado de los negocios.

**DESAFÍO.**

Estrellamiento contra un obstáculo impreviso.

(ser desafiado). Se tomará una resolución valerosa que tendrá excelentes resultados.

**DESALIENTO.**

Se tiene una enfermedad en incubación.

**DESAMARRAR.**

Proyectos y nuevas empresas.

**DESAPARICIÓN.**

(de una persona). Carece de importancia salvo en el caso de que angustie el no encontrarlo; en este caso anuncia una defunción.

(de un objeto). Presagia un robo.

**DASARMAR.**

(a alguien). Heroísmo, salvamento que reportará un gran honor.

(ser desarmado). Perdón de una falta grave.

**DESATAR.**

(a alguien). Se obtendrá lo deseado.

(desatarse). Deseos de traicionar.

**DESAYUNO.**

Soñar que estás tomando tu desayuno, significa alegría y contento en una próxima reunión familiar o de amigos.

**DESAZÓN.**
Indica que te aquejará una desgracia que, afortunadamente, no tardará en convertirse en alegría

**DESBANCAR.**
(ser desbancado). Significa análogo.

**DESBRIDAR.**
(un caballo). Persona independiente que no dejará que le aconsejen.

**DESCALZAR.**
Se interrumpirá una protección; fondos retirados, rechazo de crédito.

**DESCARGA.**
Acusación cuya falsedad será comprobada.

**DESCARNAR.**
Ver a una persona descarnada presagia que se recibirán noticias de una enfermedad gravísima.
(verse descarnado). Amenaza dicha enfermedad al propio soñador.

**DESCARRILAR.**
Ver Tren.

**DESCENDER.**
Es un mal síntoma e indica disminución de fortuna, de consideración y de afecto.

**DESCIFRAR.**
Ver Desenredar.

**DECLARAR.**
Curiosidad fuera de lugar.

**DESCOLGAR.**
(cualquier cosa). Éxito, ganancias debidas a la habilidad.

**DESCONOCIDO.**
Ver en sueños personas desconocidas significa que se cambiará de domicilio a disgusto.

❧ *DESCORTESÍA.*

Discusión, desacuerdo sin consecuencias.

❧ *DESCOSER.*

Peligra la felicidad conyugal.

❧ *DESCRÉDITO.*

Gastos improvistos que no podrán pagarse.

❧ *DESCUBRIMIENTO.*

En general presagia noticias e informes (ver en el objeto descubierto).

❧ *DESCUBRIR.*

(cualquier cosa o descubrirse). Imprudencia que ocasionará una pérdida o una enfermedad.

❧ *DESCUENTO.*

Pérdida de fondos.

❧ *DESDECIRSE.*

Regalos devueltos.

❧ *DESEMBALAJE.*

Desilusión absoluta.

❧ *DESEMBARCAR.*

Reposo bien merecido después de un trabajo penoso.

❧ *DESEMPAQUETAR.*

Divorcio, viudez.

❧ *DESENREDAR.*

(cualquier cosa). Pronóstico excelente en cuanto a superar dificultades; se hallará medio de triunfar, o desenmascarar intrigantes.

❧ *DESENTERRAR.*

Descubrimiento de un secreto importante; negocio antiguo que cobra renovado valor.

❧ *DESEO.*

Si es en provecho propio lo que se desea, no se realizará; si es en favor de otro se cumplirá.

**ᴗ DESERTOR.**

(ver). Falta grave cometida por un conocido.

(ser). El proyecto que se tiene en la cabeza, tendrá consecuencias funestas.

**ᴗ DESGANA.**

Incubación de una enfermedad.

**ᴗ DESGARRAR.**

Intrigas contra el propio soñador.

(telas). Atentado a la buena reputación.

(papeles). Olvido, perdón.

**ᴗ DESGRACIA.**

(ajena). Favor.

**ᴗ DESGRACIADO.**

(ser). Conviene distraerse y cambiar de aires.

**ᴗ DESGRANAR.**

Ver el objeto desgranado.

**ᴗ DESHIELO.**

Por fin se le abrirán los ojos a la persona amada y corresponderá a este afecto.

**ᴗ DESHILACHAR.**

Amenaza un peligro a los padres.

**ᴗ DESHINCHAR.**

Habrá que reducir gastos.

**ᴗ DESHOJAR.**

Pasión efímera, seguida de remordimientos.

**ᴗ DESHOLLINADOR.**

Trampa, cita falsa.

**ᴗ DESIERTO.**

(ver o hallarse en él). Mal augurio: indica abandono, pérdida irreparable de afecto o amigos.

(si en él hay otras personas). Penas compartidas.

**ᴗ DESINFECTAR.**

Se lamentará haber hablado a la ligera.

### ✎ DESLUMBRAMIENTO.

Si provoca la caída augura enfermedad grave; en caso contrario anuncia un golpe de fortuna.

### ✎ DESMAYO.

Si sueña usted que se desmaya, es síntoma de pensamiento voluptuoso.

### ✎ DESMONTAR.

Falta de seguridad que impedirá triunfar.

### ✎ DESNUDO.

Soñarse en completa desnudez, es señal de próxima enfermedad y mala situación. Si es usted quien sueña con un hombre desnudo, denota intranquilidad durante unos días. Si sueña con una mujer, desengaños. Ver a un pariente o amigo, sinsabores.

### ✎ DESORDEN.

Ver la casa y las cosas en desorden, significa disgustos pasajeros. Si es usted quien lo promueve, inconvenientes y sinsabores.

### ✎ DESORIENTADO.

(estar). Miseria absoluta.

### ✎ DESPACHAR.

Negocios prósperos.
(paquetes, mercancías, etc.). Viaje de negocios.

### ✎ DESPEDIDA.

No es grato tener este sueño. Casi siempre es señal de contrariedades y malas situaciones.

### ✎ DESPEGAR.

Engaño descubierto.

### ✎ DESPEINAR.

(a alguien): Afrenta pública, insolencia.
(despeinarse). Intento fallido.

### ✎ DESPELLEJAR.

(ver) Cuenta por pagar.

(uno mismo): Encuentra caros los servicios prestados.

(ser despellejado vivo). Sufrimientos morales intensísimos.

### ⤙ DESPENSA.

De mal augurio es soñar con una despensa, ya que indica que una persona de tu mayor afecto sufrirá grave dolencia.

### ⤙ DESPERTAR.

Si sueña que estando dormido viene alguien a despertarlo, deberá considerar esto como un aviso de que le causarán un fuerte disgusto.

### ⤙ DESTILAR.

(ver). Se sirven de uno mismo para conseguir provecho o placer.

(uno mismo). Se gozará plenamente de las riquezas.

### ⤙ DESTINO.

(consultarlo). Ver *Cartas, Sonámbulo, Manos*, etc.

### ⤙ DESTIERRO.

Hallarse en el destierro, es augurio feliz, a pesar de las gentes envidiosas que le rodean.

### ⤙ DESTORNILLADOR.

Aman el dinero.

### ⤙ DESTROZOS.

Situación invertida.

### ⤙ DESTRUIR.

Toda destrucción injustificada presagia la ruina del soñador.

### ⤙ DESVANECIMIENTO.

Próxima enfermedad.

### ⤙ DETONACIÓN.

Escándalo estrepitoso.

### ⤙ DEUDAS.

(pagar). Se contraerán.

(contraerlas). Se conseguirán pagar.

**⤚ DEUDOR.**

Cuidado con los envidiosos, alguno prepara una emboscada.

**⤚ DEVORAR.**

(uno mismo). Exceso de salud.

(ver a alguien devorar o ser devorado por una fiera). Asalto nocturno.

**⤚ DEVOTO.**

(ver). Asechanzas contra el buen nombre.

(ser). Hay que moderar el lenguaje.

**⤚ DÍA.**

Soñar con un día claro y sereno, anuncio de alegría y de satisfacciones durante toda la jornada. Por contra, si el día es gris o lluvioso, su ánimo amanecerá pesimista y tal estado no es precisamente señal de emprender trabajos ni negocios.

**⤚ DIABLO.**

Es uno de los peores sueños que podamos tener. En cualquier forma que sea en que se sueñe, verlo, intervenir con él, puede ser causa de que le roben, que le den una mala noticia y de que a alguien le ocurra un accidente.

**⤚ DIAMANTES.**

(en piedras). Regalo valioso.

(en joyas). Promesas engañosas, excepto en el caso de un reloj o un anillo.

**⤚ DIANA.**

(oír o tocar). Necesidad de un despertador.

(cazador). Actividad y conducto irreprochables aseguran un porvenir dichoso.

**⤚ DIAPASÓN.**

Intentos para ser más sociable.

**⤚ DIARREA.**

Sufrir uno mismo de diarrea, es indicio de que habrá de gozar de un dinero que recibirá inesperadamente. Si es otra persona quien está atacada de este mal, indica que a ésta le tocará la lotería.

**↳ DIBUJO.**

Proyectos que triunfarán si el dibujo estaba terminado y bien hecho.

**↳ DICCIONARIO.**

Verlo abierto, dedicación a las ciencias. Si está cerrado, procure no dejarse llevar por los consejos de otras personas.

**↳ DICTAR.**

(cualquier cosa). Órdenes que no se ejecutarán.

**↳ DIENTES.**

(sanos). Salud próspera.

(careados). Naturaleza enfermiza, organismo débil.

(arrancarlos). Gasto considerable que no se esperaba.

(muy blancos). Alegría y salud.

(amarillos o negros). Preocupaciones numerosas.

(limpiarlos). Angustia vencida.

(que crecen). Embarazo.

(que caen). Defunción de un conocido.

(postizos). Vejez prematura.

**↳ DIETA.**

Salud a toda prueba.

**↳ DIFICULTAD.**

(al andar, hablar, etc.). Presagía obstáculos en los deseos o empresas.

**↳ DIGESTIÓN.**

Salud o enfermedad, según sea buena o mala.

**↳ DIGITAL.**

Sueño asegurado.

**↳ DIJE.**

Soñar con un dije, augurio de casamiento por interés. Si es un hombre quien sueña, es recomendable no llevar a cabo su boda con una mujer de mayor edad que usted.

ꕥ *DILIGENCIAS.*
Tiempo perdido.

ꕥ *DILUVIO.*
Siempre es presagio de contrariedades y desgracias familiares y pérdidas en los negocios.

ꕥ *DIMITIR.*
Soñar que dimite de un empleo o cargo, es señal de bienestar y aumento de ingresos.

ꕥ *DINERO.*
Encontrar o tocar dinero augura pérdidas tanto más importantes cuanto mayor es la cantidad.
(perder o ser robado). Lo contrario.

ꕥ *DIOS.*
Soñar con Dios, rezar, adorarle, etc., augura una buena conducta.
(verle). Paz y felicidad.
(hablarle u oirle). Deseo realizado.
(si amenaza a uno mismo). Temores infundados.
(si amenaza o juzga a otros). Reparación de una injusticia.

ꕥ *DIOSA.*
Ver una diosa, es anuncio de maledicencias y contrariedades.

ꕥ *DIPLOMA.*
Recomendaciones estériles, decepción.

ꕥ *DIPLOMACIA.*
Astucia inútil.

ꕥ *DIPUTADO.*
(ver). Negocios enredados que hacen sospechar un fraude.
(ser). Pérdida de situación.

ꕥ *DISCURSO.*
No pierda el tiempo en promesas y palabrerías que a nada habrán de conducirle.

ꕥ *DISECCIÓN.*
Aclaración de algo que no se comprendía.

### DISFRAZ.
Verse disfrazado en una fiesta, es señal de momentánea alegría. También inicio de conquistas amorosas.

### DISGUSTO.
Cuanto mayor sea en sueño, mejor será la noticia que se recibirá durante el día.
(contemplar el de otro). Visita de una persona que se quiere.
(consolar a otro). Amarán mucho.

### DISLOCAR.
Si soñamos que en un accidente nos dislocamos un miembro, anuncio de pérdida de dinero.

### DISMINUIR.
Ver decrecer alguna cosa, presagia una disminución de ingresos; verse decrecer, al contrario, indica que se estará rodeado de cuidados y afecto.

### DISOLUCIÓN.
Mudanza de domicilio.

### DISPARATE.
Ver un objeto disparatado indica que están engañando abiertamente.

### DISPENSA.
Se realizará el deseo antes de lo previsto.

### DISPENSARIO.
Huelga.

### DISPUTA.
(ver). Acceso de cólera.
(disputar). Satisfacción de una venganza.

### DISTRIBUCIÓN.
(ver). Beneficios que se escaparán de las manos.
(hacer). Es hora de preparar el testamento.

### DIVERSIÓN.
Tenga cuidado si sueña con diversiones, ya que por afición a ellas podrás perder un buen negocio.

**DIVIDENDOS.**
Pérdida de una parte del haber.

**DIVISAS.**
Intentarán sobornar con buenas palabras.

**DIVORCIO.**
Es presagio de celos e intrigas conyugales en el hogar. Si queremos ser felices en nuestro estado matrimonial, tendremos que poner remedio para así conseguirlo.

**DOBLAR.**
(un objeto). Imposición de un castigo.

**DOBLE.**
(ver). Engaño al juzgar a una persona.

**DOCENA.**
(objetos a docenas). Aumento de bienestar.
(docenas de personas). Aumento de familia.

**DOCTOR.**
Si el doctor entra en nuestra casa para atender a un enfermo, indica que algo malo puede alterar nuestra vida.

**DOLOR.**
Soñar que algún dolor le aqueja, recibirá noticias del estado delicado de un familiar.

**DOMAR, DOMADOR.**
(ver). Consentimiento a que dominen.
(ser). Cuidado, porque es posible perder la autoridad por querer mandar demasiado.

**DOMESTICAR.**
(animales). Hijos aprovechados.

**DOMINÓ.**
(traje). Le ocultan algo que le interesa.
(juego). Indolencia.

**DORADO, DORAR, DORADOR.**
Un objeto dorado anuncia un regalo interesado, una adulación.

### ⌣ DORMITORIO.

Si hay personas durmiendo, significa que todos confían en uno; si nadie duerme indica que temen alguna traición; si las personas son de sexo opuesto al propio, penas consoladas. (vacío). Abandono, separación.

### ⌣ DOSEL.

Soñar que estamos bajo un dosel, significa dejadez y abandono por nuestra parte, lo cual puede ser causa de infortunio en nuestra vejez si no procuramos rectificar nuestra vida.

### ⌣ DRAGÓN.

Si soñamos con un dragón, nos indica que un buen amigo que ha llegado a alcanzar poder y dinero, tanto en los negocios como en la política, nos tenderá la mano para ayudarnos desinteresadamente.

### ⌣ DRENAR.

Ahorro conseguido con dificultades.

### ⌣ DROGA.

Si en nuestro sueño nos vemos bien fumando mariguana u otras hierbas perjudiciales, o tomando cualesquiera de las drogas tan enemigas de nuestra salud que, desgraciadamente; ahora se acostumbran, no se nos ocurre, ya en la vida real, tratar de probar a hacerlo, pues ello nos acarrearía muchas desgracias.

### ⌣ DUCHA.

Suceso que calmará las ansias de placer.

### ⌣ DUDAR.

Por indecisión otro aprovechará la oportunidad.

### ⌣ DULCE.

El comer dulces, es signo de amarguras. Si sueña que los ofrece a una persona, indica favores y atenciones de amigos. Si es a usted a quien se los brindan, recibirá agradables noticias.

**✔ *DUELO.***

(provocar alguno). Castigo.

(ser incitado al). Quien castigue será uno mismo.

(batirse). Triunfo sobre un rival o fracaso, según se venza o se pierda.

(ver a otros batirse). Rivalidades entre conocidos.

**✔ *DÚO.***

Si no se canta mal, es un augurio de felicidad conseguida por un afecto desinteresado y compartido.

**✔ *DUQUE.***

Soñar con una persona que ostenta el título de duque, símbolo de protección eficaz. En cambio, si se trata de una duquesa, usted se enamorará de alguien que sólo le aportará humillaciones.

**✔ *DURAZNO.***

Duraznos arrancados del árbol, significan tristezas pasajeras. Si todavía están en el árbol, penas de carácter familiar. Comerlos, es señal de graves contrariedades y aun anuncio de muerte de un ser querido. Si es mujer quien sueña con ellos, viejos recuerdos de un amor que le causará tristeza y desazones.

# E

✪ *EBANISTA.*
Soñar con la persona que se dedica a elaborar muebles de ébano, indica peligro y mengua de nuestra fortuna.

✦ *EBANO.*
Negro o negra enamorados de uno mismo.

✪ *ECO.*
Si es usted quien oye su propia voz, anuncio de un favorable suceso. Si el eco proviene de otra persona, será señal de maledicencias. Procuremos cuidar nuestra salud.

✦ *ECONOMÍAS.*
Presagia una mejora considerable de situación.

✪ *ECZEMAS.*
Faltas conocidas por todo el mundo.

✦ *ECHAR.*
(a alguien el agua, por la ventana, etc.).
Personaje intrigante y funesto que será alejado.
(piedras). Ver por esta palabra.

✪ *EDAD.*
Si sueña con una persona anciana, indica ternura. Si usted confiesa su edad, anuncio de una nueva y buena amistad. Por el contrario, si la oculta, perderá uno de sus mejores afectos.

### ✦ *EDIFICAR.*
Pérdidas en el negocio.
(ver). Hay alguien que indirectamente trabaja en provecho propio.

### ✪ *EDIFICIO.*
Este sueño significa que usted debe procurar cumplir con sus compromisos.

### ✦ *EDITAR.*
Noticia falsa.

### ✪ *EDREDÓN.*
Sentarán las peras a cuarto a alguien que le conviene.

### ✦ *EJECUCIÓN.*
Ver ejecutar a un reo, nos augura próxima ayuda de una persona que nos aprecia.

### ✪ *EJÉRCICIO.*
Si el ejercicio que usted ve en sus sueños demuestra orden y disciplina, podrá contar con buenas amistades. Si lo ve huir en derrota, puede que sufra una afrenta, la cual debe usted perdonar para evitar mayores males.

### ✦ *ELÁSTICO.*
Amigo complaciente.

### ✪ *ELECCIÓN.*
Significa que se trabajará en pro de un ideal maligno.
(ser elegido). Pérdida de tiempo y dinero.

### ✦ *ELECTRICIDAD.*
Ímpetu entusiasta, flechazo.

### ✪ *ELEFANTE.*
(ver). La amistad que brindan es sólida.
(cabalgarlo). Protección de gran poder.
(irritado). Enemigo temible.

🗡 *ELEGIR.*
(cualquier cosa). Decisión tomada de la que derivará la felicidad.

✪ *ELEVADOR.*
Sueñas que va lleno de personas, significa que tus negocios irán bien. Funcionando hacia arriba, tu situación cambiará favorablemente. Si baja, y además está vacío, decepciones y pérdidas de dinero.

🗡 *ELEXIR.*
Se recobrará el valor perdido durante una crisis de abatimiento.

✪ *ELOGIAR.*
Ver *Adulación.*

🗡 *EMANCIPACIÓN.*
Presunción que motivará una gran tontería.

✪ *EMBAJADOR.*
Si es usted quien ocupa este cargo, realizará un viaje. Verlo, asistirá a una agradable fiesta entre amigos.

🗡 *EMBALAR.*
Viaje de negocios.

✪ *EMBALDOSADO.*
Se obtendrá un importante mecenazgo si en sueños se salta por encima o se sienta uno en el suelo.

🗡 *EMBALSAMAR.*
Mermeladas, conservas, provisiones.

✪ *EMBARAZO.*
Soñar con una mujer encinta, señal de penas y contrariedades. Pero en el caso de que uno sueñe que la mujer en tal estado es su esposa, amiga o pariente, las penas serán para ella.

🕊 **EMBARCACIÓN.**

Si ésta se desliza por aguas apacibles, indica éxito en su trabajo. Si las aguas se encuentran agitadas, señal de disgustos y discordias.

✪ **EMBELLECER.**

Recobro de juventud y salud.

🕊 **EMBOSCADA.**

(caer en ella). Cuidado, alguien en quien se tiene plena confianza no la merece.

(tenderla). No hay que intentar vengarse, costaría caro.

✪ **EMBRIÓN.**

Crecerán los ahorros.

🕊 **EMBROLLAR.**

(cualquier cosa). Presagia un acontecimiento molesto, proceso judicil, embargo, etc.

✪ **EMIGRAR.**

Amor, desprecio.

🕊 **EMISIÓN.**

Están buscando el modo de estafar.

✪ **EMPAQUETAR.**

Viaje.

🕊 **EMPATE.**

Se caerá al sentarse entre dos sillas.

✪ **EMPERADOR.**

Ver *Rey.*

🕊 **EMPLEADO.**

Rivalidad.

✪ **EMPLEO.**

(encontrar). Huelga.

(perder). Trabajo asegurado.

✦ *EMPRESA.*
Empezar alguna en sueños, no es de buen augurio.

✪ *EMPRESARIO.*
Gastos por encima de las propias posibilidades.

✦ *EMPUJAR.*
Soñar que alguien le empuja, es una advertencia de que un amigo trata de perjudicarle. Si es usted quien empuja a otra persona, procura rectificar su carácter o habrá de arrepentirse.

✪ *ENAMORADO.*
(tener). Decepción.
(ser objeto de). Rechaza las proposiciones que se hacen.

✦ *ENANO.*
(ver). Rival despreciable.
(ser). No se sirve para jefe.

✪ *ENCAJE.*
Ver o poseer encajes, señala prontas y felices realizaciones en sus proyectos amorosos y mejoramientos de posición.

✦ *ENCANTADOR.*
(de serpientes). Asombro ante endulzamiento de carácter en una persona antes arisca.

✪ *ENCANTAMIENTO.*
Adulan con el propósito de perder.

✦ *ENCENDEDOR.*
Está en puerta un lance de amor que te causará alginas contrariedades.

✪ *ENCERRAR.*
(a alguien). Vigilancia burlada.
(estar encerrado). Nada impedirá acudir a la cita.

✦ *ENCÍAS.*
(rosadas). Buena salud.

(pálidas). Lo contrario.

✪ *ENCÍCLICA.*
Amonestación enojosa.

✦ *ENCICLOPEDIA.*
Constancia y esfuerzo llevarán a la fortuna.

✪ *ENCINA.*
Mecenas que se interesa mucho por uno mismo.
(partido por un rayo). Pérdida de una buena protección.
(encaramarse a una). Boda con alguien más rico.

✦ *ENCONTRAR.*
(a una persona o un objeto perdido). Se evitará al enemigo una equivocación fatal.
(el camino). Se tomará una resolución importante.
 (algo). En general, pérdida.

✪ *ENCORVADO.*
Ver manos u objetos encorvados presagia que pronto se caerá en manos de un usurero, un estafador, etc.

✦ *ENCUADRAR.*
Intercambio de fotografías, etc.

✪ *ENDEREZAR.*
(cualquier cosa). Una persona que atormenta, corregirá los defectos propios.

✦ *ENDOMINGARSE.*
Invitación a una fiesta patronal.

✪ *ENEMIGOS.*
Vencerlos o escapar de sus manos es un excelente augurio; ser perseguido, apresado, etc., dificultades, obstáculos debidos a la envidia; en todos los casos, es una invitación a combatir con energía.

✦ *ENFERMERA.*
Grato indicio de salud y bienestar.

✪ *ENFERMO.*
Si es uno mismo quien está enfermo, señal de dolor, tristeza y traiciones. Visitar a un amigo que se halla postrado en el lecho a causa de enfermedad, gratos goces familiares.

✦ *ENGAÑAR.*
(a alguien). Pasión esclavizante
(ser engañado). Buena suerte en el juego.

✪ *ENGRANAJE.*
Hay que meditar los riesgos de la empresa que se propone comenzar. Si en sueños el engranaje funciona normalmente, no hay que temer; si ocurre un accidente, renuncie a este deseo.

✦ *ENHEBRAR.*
(una aguja). Virtud que se rinde.

✪ *ENIGMA.*
Intrigante hábil que se conseguirá desenmascarar.

✦ *ENSALADA.*
(ver, hacer o comer). Encantadora reunión de amigos.

✪ *ENSEÑAR.*
No se seguirán los buenos consejos.

✦ *ENTERRAR.*
Castigo a la avaricia.

✪ *ENTIERRO.*
Boda; si se ve pasar, noticia de una boda; si se sigue el cortejo, invitación a una boda de mayor o menor lujo, según el de los funerales; si se anda detrás del féretro indica que se actuará de testigo de boda.

✦ *ENTRAR.*
(en un domicilio, en la escuela, etc.). Encuentro de un viejo amigo.

✪ *ENTREABRIR.*
Pequeños favores sin importancia, seguidos de otros mayores.

✦ *ENTREACTO.*
Durante un cierto tiempo, no se tendrán noticias de la persona que interesa.

✪ *ENTRELAZAR.*
Juramento de amor eterno.

✦ *ENTRESUELO.*
Cita amorosa.

✪ *ENVEJECER.*
Período de graves preocupaciones.

✦ *ENVIDIA.*
(sentir). No se logrará triunfar en ningún campo.

✪ *ENVOLVER.*
Explicaciones enredadas.

✦ *EPIDEMIA.*
Fiebres tifoideas, viruela, cólera, etc., pronostica muchas bodas inesperadas.

✪ *EPIGRAMA.*
Crítica contra un calumniador.

✦ *EPILÉCTICO.*
(ver). Acceso de colera de una persona conocida.
(ser). El carácter exaltado es fuente de graves disgustos.

✪ *EPÍSTOLA.*
Amonestación por una carta que no surtirá efecto.

✦ *EQUILIBRIO, EQUILIBRISTA.*
Recompensa segura.

✪ *EQUIPAJE.*
(ver). Mudanza de casa.
(llevar). Cambio de posición.

**EQUIPO.**
Viaje por agua.

**EQUIVOCARSE.**
Corazón inconsolable.

**ERISIPELA.**
Embarazo escondido hasta ahora, del que todo el mundo se dará cuenta.

**ERIZO.**
Enlace con una persona de carácter difícil.

**ERMITA.**
(ver). Solicitarán ayuda sin necesitarla.
(ser ermitaño). Depresión sentimental.
(deshabitada). Temporada en el campo.

**ESCALAR.**
A pesar de los obstáculos se conseguirá cita con la persona amada.
(ver). Intentan robar un afecto.

**ESCALERA.**
(ver). Petición de aumento de sueldo.
(subir). Se obtendrá este aumento.
(bajar). La propuesta será rehusada.

**ESCAMAS.**
(sin el animal). Están tramando algo contra el soñador.

**ESCAPAR.**
(a un peligro, o de un enemigo). Pronóstico excelente.

**ESCAPARATE.**
Cuidado con sucumbir al encanto de cierta persona cuyas cualidades son aparentes: mientras uno se divierte con las baratijas, hay alguien que toma la delantera.

**ESCAPULARIO.**
No hay que contar con lo que prometieron.

✪ *ESCARAPELA.*
Si no rectifica su conducta y modo de ser, su torpe vanidad le aportará muchos perjuicios.

✦ *ESCARCHA.*
Pequeña disputa seguida de una pronta y calurosa reconciliación.

✪ *ESCARLATINA.*
Inquietudes disipadas.

✦ *ESCLAVO.*
Si se sueña ser uno mismo un esclavo, deberá considerarlo como feliz anuncio de próximas y valiosas relaciones con personas que habrán de ayudarle.

✪ *ESCOBA.*
(ver). Cambio de posición o domicilio.
(usarla). Rencillas olvidadas.
(dar golpes o recibir con la ). Murmuraciones que costarán caras.

✦ *ESCOLAPIO.*
Ronda de enfermedad.

✪ *ESCOLLO.*
Obstáculo imprevisto que puede trastornar todos los planes.

✦ *ESCONDER.*
(un objeto cualquiera). Secreto al descubierto.

✪ *ESCONDITE.*
(jugar al ). Un beso, medio consentido, medio tomado por sorpresa.

✦ *ESCOTE.*
(ver a alguien escotado). Molestará ver en otros modales groseros.
(llevar un escote).
Despreocupación que no será del agrado de todos.

✪ *ESCRIBIR.*

Si sueña que escribe un libro, indica que habrá de sentir una gran apatía inexplicable, de la cual saldrá apenas usted se esfuerce un poco en vencerla. Si lo que escribe son cartas, próximas y agradables noticias.

✦ *ESCRITOR.*

Noticias de un amigo.

✪ *ESCRITORIO.*

(ver). Pérdida de los ahorros.

(tener un despacho). Preocupaciones.

✦ *ESCRUTINIO.*

Gran decepción.

✪ *ESCUADRA.*

Enderezamiento de conducta.

✦ *ESCUCHAR.*

(detrás de la puerta). Celos.

✪ *ESCUDERO.*

Ganancias fabulosas obtenidas a duras penas y gastadas rápidamente en diversiones.

✦ *ESCUDO.*

Es un mal sueño, pues indica amenaza de próxima citación judicial.

✪ *ESCUELAS, ESCOLARES.*

Castigo y reprimenda.

(vacía o escolares fuera de). Permiso, licencia, vacaciones.

✦ *ESCUPIDERA.*

Si sueña con una escupidera, pronto tendrá la satisfacción de reanudar una vieja amistad.

✪ *ESCUPIR.*

Intentarán meterlo en un negocio completamente inestable.

(al aire). Medidas, precauciones que tendrán un efecto contrario al esperado.

(a alguien). Se verá víctima de una vileza.

(recibir un escupinazo). Medallas, condecoraciones.

### ✦ ESFUERZOS.
Surgirán obstáculos en el camino, pero con perseverancia se vencerán.

### ✪ ESGRIMA.
Rivalidad.

### ✦ ESGUINCE.
Contrato anulado, mala fe en el cumplimiento de un acuerdo.

### ✪ ESMALTE.
Recuerdo de una persona querida.

### ✦ ESMERALDA.
Soñar con esmeraldas, es augurio de buena salud y brillante porvenir.

### ✪ ESMERIL.
Noviazgo con una persona muy dulce pero de gran tenacidad.

### ✦ ESPADA.
Empuñar una espada, señal de éxito y prosperidad en sus negocios. Soñar simplemente con ella, le sobrevendrá un gran disgusto. Si otra persona lo hiere con una espada, indica conflictos morales.

### ✪ ESPALDA.
Si es uno mismo quien sueña con su espalda, habrá de sobrevenirle infortunios irremediables.

### ✦ ESPANTAJO.
La persona a quien no se osa dirigir la palabra, está dispuesta a nuestro favor.

✪ *ESPÁRRAGOS.*

Cultivar espárragos es indicio de próximo bienestar. Si sólo los ve, habrá de llevar cabo de un deleitoso viaje. Tanto cultivarlos como venderlos, felicidad y alegría. En cambio, si usted los planta y los recoge, deberá andar con tiento respecto a asuntos amorosos.

✦ *ESPEJO.*

Soñar con un espejo, lo mismo que si usted se ve en él, señala falsedad y traición por parte de parientes o amigos.

✪ *ESPERAR.*

(a alguien). Embarazo antes del matrimonio.

✦ *ESPIAR.*

(ver). Están acechando.

(ser). Celos.

✪ *ESPIAR.*

Están vigilando los propios actos.

✦ *ESPINACAS.*

(verdes). Falta de prestigio de la autoridad.

(cocinas). Una persona vulgar tomará ascendiente sobre el soñador.

✪ *ESPINAS.*

Soñar con espinas es uno de los sueños más desagradables. Ellas auguran habladurías que pueden perjudicarnos. Al mismo tiempo, son amenaza de pérdida de nuestro empleo, de nuestra salud y de nuestros negocios. No obstante, deberá revestirse de voluntad y de fortaleza, para tratar de salir airoso y triunfante en estas predicciones.

✦ *ESPÍRITUS.*

(invocarles, pedirles consejo, etc.). Inspiración repentina que contendrá un momento de mal humor; recuerdo de aquello que se había olvidado.

✪ *ESPONJA.*

(seca). Mucha sed.

(mojada). Borrachera.
(usar). Un borracho ofrecerá un vaso de vino.
(estrujarla). Rechazo.
(esponjarla). Aceptación.

### ✦ ESPONSALES.
(de otro). Enfermedad mortal de un pariente.
(de uno mismo). La enfermedad amenaza al soñador.
(anulados). Curación.

### ✪ ESPOSA.
Estar con la esposa indica en general que reína buen acuerdo en el matrimonio, a menos que se sueñe una disputa. Ver *Belleza, Cabellos, Cabeza, Manos, Ojos*, etc., según lo que en sueños llamó la atención.

### ✦ ESPUMA.
Este sueño indica que, con su constancia y esfuerzo, llegará a que sus anhelos y deseos se cristalicen y obtengan el ansiado "sí" de la persona a quien ama.

### ✪ ESPUELA.
(ver). Necesidad de que remonten la moral.
(llevar). Trabajo recompensado.

### ✦ ESQUELA.
(amorosa). No hay que aceptar la proposición.

### ✪ ESQUELETO.
Si sueña con un esqueleto, es significación de larga vida para usted. Nunca debe temerse a la muerte, pues la muerte es vida.

### ✦ ESTABLECER.
Bancarrota. Preocupaciones numerosas.

### ✪ ESTABLO.
(vacío). Pérdida de bienes.

(con animales). Ver *Asno, Bueyes, Cabras,* etc., según el animal soñado.

(dormir en un). Recuperación de la salud.

**ESTACAS.**

Nueva empresa muy remunerativa.

**ESTADO MAYOR.**

Hay que tomar las decisiones por sí mismo.

**ESTAFETA.**

Carta agradable.

**ESTALLAR.**

El mismo significado que explosión.

**ESTAMPILLA.**

Recomendación inútil.

**ESTANDARTE.**

Hablarán dulcemente, pero no hay que caer en la trampa.

**ESTANQUE.**

Vida apacible, un tanto monótona. Ver *Agua.*

**ESTAÑO.**

El amor que se siente está garantizado por una amistad inalterable.

**ESTIÉRCOL.**

Pequeñas ganancias que proporcionarán bienestar, sobre todo si se toca el estiércol.

**ESTIMACIÓN.**

Dudan de las buenas cualidades que posee.

**ESTIRAR.**

Vestido vuelto del revés que aparecerá nuevo.

**ESTÓMAGO.**

Le duela o no le duela el estómago, soñar con él indica que está malgastando sus bienes y debe oír consejos de personas que le guían, tratando de llevarle por el buen camino.

✦ *ESTORBO.*
Muchos persiguen el mismo objetivo.

✪ *ESTORNUDAR.*
Hacerlo uno mismo u oír estornudar significa deseo cumplido.

✦ *ESTRECHO.*
Dificultades resueltas si se atraviesa en sueños.
los vestidos, calzado y cualquier objeto demasiado estrecho pronostican que los ingresos serán insuficientes para la ejecución de todos los planes.

✪ *ESTRELLAS.*
Ver resplandecer las estrellas en el firmamento, indicio de felicidad, de prosperidad, de amor, de salud y de cuanto bueno y hermoso pueda desear el hombre. Lucirlas sobre la frente, éxitos, agradables viajes y noticias que habrán de llenarnos de alegría.

✦ *ESTRIBOS.*
Soñarlos indica buenas noticias y placenteras noticias.

✪ *ESTUCHE.*
No tardará en descubrir algunos objetos que creía haber perdido.

✦ *ESTUDIANTE.*
Soñar con muchachos estudiantes, recibirás la infausta noticia de ser querido.

✪ *ESTUDIAR.*
Trabajo recompensado.

✦ *ESTUFA.*
Si es que sueñas con una estufa, debes prepararte para desembolsar dinero de gastos inesperados.

✪ *ETAPA.*
A partir de ahora, la fortuna sonreirá; ánimo.

**🦅 ÉTER.**
Aspiraciones idealistas que quedarán por satisfacer.

**✪ ETIQUETA.**
No hay que fiar de las apariencias.

**🦅 EVAPORACIÓN.**
Si se oyen las proposiciones que hacen, habrán que arrepentirse amargamente.

**✪ EXAMEN.**
Soñar que se presenta ante un examen, significa que le sobrevendrán trabajos inesperados, pero por los cuales tu labor habrá de serle largamente recompensada.

**🦅 EXCITAR.**
(a alguien). Riñas con todos los amigos.

**✪ EXCOMUNIÓN.**
Simpatía, honores públicos.

**🦅 EXCREMENTO.**
Pronóstico excelente. Éxito en los negocios, buena suerte ininterrumpida, ganancias inesperadas, etc., sobre todo si se toca. Ver también *Estiércol*.
caer dentro). Fortuna incalculable.
(ir al retrete). Éxito extraordinario.

**✪ EXCUSAS.**
(dar). Se recibirá un chasco.
(recibirlas). Una persona que se dice amiga labra tu ruina.

**🦅 EXHUMACIÓN.**
Crimen que parecía olvidado y se hará público.

**✪ EXILIO.**
Reparación de una injusticia.

**✦ ÉXITO.**
Realidad contraria al sueño.

**✪ EXPATRIAR.**
Amor sin esperanzas.

**✦ EXPERIMENTOS.**
(hacer). Se está poniendo a prueba el afecto de un amigo.
(ver). Entredicho.

**✪ EXPLORACIÓN.**
Búsqueda de un documento extraordinario.

**✦ EXPLORADOR.**
Noticia importante.

**✪ EXPLOSIÓN.**
Grave escándalo.

**✦ EXPORTACIÓN.**
Intercambio ventajoso.

**✪ EXPOSICIÓN.**
Si la exposición se trata de obras de arte, infundirá alegría en nuestro corazón. Otras exposiciones menos gratas, augurio de muerte para algún familiar o amigo.

**✦ EXTRANJERO.**
Si soñamos recibir una persona extranjera en nuestra casa, simboliza paz y amor. La hospitalidad es como una grata demostración de amor y de paz entre los humanos.

**✪ EXTRAVAGANCIA.**
Buenos propósitos que no se cumplirán.

**✦ EXTRAVIADO.**
(ver a alguien). Buen consejo.
(estar). Situación que creará un conflicto.

✪ *EXTRAVÍO.*
Lo acusará una persona conocida.

🗡 *EXTREMAUNCIÓN.*
(recibir). Larga vida.
(ver administrar). Restablecimiento de un paciente del que se heredará.

✪ *EXVOTO.*
(ver). Satisfacción de un deseo.
(ofrecer). Esperanzas en vano.

# F

### ✈ *FÁBRICA.*
El mismo significado que *Taller*, pero de mayor importancia.

### ☾ *FÁBULA.*
(leer, oír o recitar). Una persona que tiene un modo de actuar parecido al propio ha sufrido varios fracasos, hay que meditar en ello y aprovechar la experiencia.

### ✈ *FACHADA.*
Soñar con la fachada de un hermoso o moderno edificio, indica que sus ilusiones y deseos no tardarán en cumplirse. Si la fachada es de algún edificio religioso, recibirá noticias de que un familiar o amigo que estaba enfermo, ha entrado ya en franca mejoría.

### ☾ *FACTURA.*
Apuros monetarios.

### ✈ *FAISÁN.*
Anuncio de honores y de buena salud.

### ☾ *FAJA.*
Si es usted quien la usa, es señal de que habrá de cuidarse de habladurías que pueden perjudicarle, así como de una enfermedad de carácter maligno.

### ✈ *FALSIFICACIÓN.*
Regalos vistosos, de ningún valor.

### ☾ *FALSIFICAR.*
Gran mentira.

(ser víctima de una falsificación). La promesa que han dado no será cumplida.

## ✦ FAMILIA.

Encontrarse en familia, pasear, visitar, etc., presagia un completo acuerdo con las personas que nos rodean.

## ☾ FANÁTICO.

Discusión con persona testaruda.

## ✦ FANFARRONADA.

(oír). Lección a un vanidoso.
(decir). Dan poca importancia a las palabras.

## ☾ FANTASMA.

Una aparición fantasmal no es un mal presagio a menos que aparezca una persona muerta a quien se haya perjudicado.
(si se lucha con él o se le aprisiona). Temores y pasiones desviadas, superadas.
(disfrazadas de fantasma). Amenaza un peligro.

## ✦ FARDO.

Cargar con un fardo, presagio de penosos trabajos.

## ☾ FARFULLAR.

Debilitación de las facultades intelectuales.

## ✦ FARMACIA.

(ver o entrar). Se presenciará un accidente.

## ☾ FARO.

Contemplarlo a lo lejos, cuídese de sus enemigos. Si se halla dentro, señal de buena oportunidad para emprender cualquier empresa o negocio.

## ✦ FAROL.

Llevar un farol en la mano y éste alumbre con luz blanca, anuncio de éxitos; pero si el farol despide la luz roja, recibirá noticias que habrán de causarle disgustos.

☾ *FASCINACIÓN.*
Imposible resistir a una seducción.

✦ *FATIGA.*
(sentir). Indisposición, enfermedad leve.
(ver gente fatigada). Epidemia en el barrio.

☾ *FAUSTO.*
Tentaciones diabólicas.

✦ *FAVOR.*
Soñar que solicita un favor de una persona pudiente y encumbrada, es signo de fracaso. Pretender los favores de una hermosa mujer, recibirá desprecios. Recibirlos de una amante, íntima alegría aunque de corta duración.

☾ *FAVORITO, FAVORITA.*
(ver). Diligencia provechosa.
(ser). Abandono.

✦ *FEALDAD.*
(ver personas feas). Las buenas cualidades excitarán la envidia.
(verse feo). No es amado quien no corrige sus defectos.

☾ *FÉCULA.*
Se dará un escándalo entre el círculo de amigos.

✦ *FECUNDIDAD.*
Aumento de bienes.

☾ *FECHA, FECHAR.*
Anotar una fecha en sueños indica que muy pronto la vida tendrá una orientación distinta.

✦ *FELICIDAD.*
Desarrollo de las facultades físicas y morales.

☾ *FELIZ.*
(ser). Desarrollo de las facultades físicas y morales.

## 🏹 FERIA.

Hallarse en una feria, es augurio de necesidades, desazones y problemas familiares.

## ☾ FERMENTACIÓN.

Influencia de Cupido y la primavera; es preciso tomar algún calmante.

## 🏹 FERTILIDAD.

Incremento de bienes.

## ☾ FERROCARRIL.

Si sueñas que viaja en ferrocarril, anuncio de que logrará lo que desea. Pero si choca y descarrila, sus deseos se verán malogrados.

## 🏹 FESTIVAL.

Invitación a una fiesta mayor que dará ocasión a un pequeño viaje.

## ☾ FIDELIDAD.

Pronóstico contrario.

## 🏹 FIDEOS.

Soñar que los come, augura un próximo viaje.

## ☾ FIEBRE.

Si tiene fiebre la persona que lo sueña, es indicio de penas y sinsabores.

## 🏹 FIERA.

Verse acorralado por animales salvajes, señal de que algún enemigo trata de causarle mucho mal.

## ☾ FIESTA.

Soñar que uno se halla en una fiesta, si es usted quien la ofrece, es indicio de habladurías y desagradecimientos. Si asiste a ella como invitado, pasajera alegría.

## 🏹 FILIGRANA.

Se es amado en secreto.

☾ *FILÓN.*
Buen negocio.

✦ *FILTRO, FILTRAR.*
Buenos informes sobre la conducta de la persona que interesa.

☾ *FIN.*
(del mundo). Nacimiento de un niño o embarazo imprevisto.

✦ *FIRMA.*
Estampar en sueños su firma en algún documento, mal augurio en asuntos de su trabajo.

☾ *FLAGELACIÓN.*
Sentimientos desgraciados.

✦ *FLAN.*
Petición rehusada.

☾ *FLAUTA.*
Declaración de amor de un apuesto joven.

✦ *FLECO.*
Proposiciones para emplear los ahorros que no deben ser aceptadas.

☾ *FLECHA.*
Tentativas amorosas que triunfarán si se lanza la flecha. (rota). Fracaso.

✦ *FLORECER.*
Ver florecer una planta significa protección de un personaje. No temer al dolor, siempre habrá un corazón dispuesto a consolar y que se poseerá por entero.
Un objeto que normalmente no lleva flores significa que gracias a los encantos y múltiples cualidades se conseguirá transformar admirablemente el carácter de la persona amada.

## ☾ FLORERO.

Si sueña con un florero lleno de flores, recibirá gratas noticias de familiares. Si está vacío o las flores están mustias, las noticias no le serán muy agradables.

## ✦ FLORES.

En general, testimonio de afecto que se recibirá o dará, palabras ardientes de amor, carta, regalos, etc., todo tanto más agradable cuanto más bonitas y más numerosas sean las flores soñadas.

(mustias). Corazón destrozado por la ingratitud de un ser querido.

(pasadas). Recuerdos y penas. (Si una flor llama la atención de un modo especial, o el ramo es de una misma especie de flores, ver su nombre).

(artificiales). Amor efímero.

## ☾ FLORISTA.

Si es usted la florista, cuídese de alguna persona que trata de desprestigiarle. Si sueña con una vendedora de flores, recibirá malas noticias.

## ✦ FLUJO.

Si el flujo es de sangre, advenimiento de prosperidad y riquezas. Si el de vientre, dificultad en su trabajo o negocio.

## ☾ FOCA.

Aunque este sueño indica que uno de nuestros mejores amigos trata de meterse en lo que no le importa, no deberemos desconfiar de él, ya que sabemos que es un poco marrullero.

## ✦ FONDO.

Encontrarse en el fondo del mar, de un pozo, de un precipicio, ver el fondo de una bolsa o un saco, es una seria advertencia para trabajar con más ahinco; de lo contrario se caerá en una situación molesta.

C· *FORASTERO.*
Ver a un caminante forastero presagia una diarrea.

🖋 *FÓRMULA.*
Uno se cree muy sabio y en realidad no sabe nada.

C· *FORRAJE.*
Buen sueño que nos augura riqueza y amistad.

🖋 *FORTALEZA.*
Soñar con una fortaleza, nos prepara para tener resistencia y firme voluntad para vencer cualquier obstáculo.

C· *FORTUNA.*
(hacer). Se perderá la propia.
(perderla). Ganancias, mejora de situación.
(ver a la diosa). Se realizará un deseo que se creía imposible.

🖋 *FORÚNCULO.*
Falta que será descubierta.

C· *FORZAR.*
(una puerta, una cerradura, etc.). Si se trata de un robo, ver esa palabra; si es con una finalidad útil, como por ejemplo prestar auxilio, consideración pública; si es para entrar en la casa propia, engaños durante la ausencia.
(una virtud). No costará el conseguirlo.

🖋 *FOSA.*
(de cementerio). Reflexiones melancólicas.
(franqueada). Éxito.
(caer dentro). Bancarrota.

C· *FÓSFORO.*
Soñar con fósforos o cerillos, preparémonos a una agradable reconciliación con una persona de la que habíamos estado alejados por causa de habladurías.

🖋 *FÓSIL.*
Visita de un pariente anciano.

☾ *FOTOGRAFÍA.*
(hacer o ver). Suspiros de amor.
(dar o recibir). Simpatía mutua, continuamente piensan en uno mismo.
(romper, quemar o devolver). Ruptura.
(mirar). Suceso que dejará un recuerdo imborrable.

✦ *FRACASOS.*
Felicidades por una decisión reflexiva.

☾ *FRACCIÓN.*
Las ganancias serán menores de lo esperado.

✦ *FRACTURA.*
Contrato anulado, riña completa.

☾ *FRAGILIDAD.*
(de algún objeto). La persona amada posee todas la virtudes.

✦ *FRAMBUESA.*
Galanteo con pequeño desliz que se repetirá. Ver *Árboles Frutales.*

☾ *FRANCACHELA.*
Disgustos inminentes.

✦ *FRANCIA.*
Regalo de un objeto de tocador.

☾ *FRASCO.*
Este sueño le advierte que debe portarse con la mayor consecuencia en una próxima fiesta donde estará invitado, procurando no beber más de lo conveniente para evitar dar un mal espectáculo.

✦ *FRATRICIDA.*
(ver). Disgusto familiar.
(ser). Grandes remordimientos.

**☾ FREÍR.**

Si sueña que fríe o está viendo freír algún comestible, cuídese de las mujeres que puedan complicarle su vida. Si está comiendo lo que ha frito, procure cuidar sus bienes.

**🐦 FRENO.**

Si el freno es de un caballo, señal de continuas discusiones con la esposa. Si se tratase de frenos de automóvil, indica que debes ser prudente y comedido en tus actos.

**☾ FRENTE.**

Ver en sueños una persona de frente alta y bien formada significa que se posee un amigo serio, seguro e inteligente.
(huidiza). Pérdida que te arruinará.
(manchada). Se es traicionado vergonzosamente.
(hundida). Olvido de una cosa importante.

**🐦 FRESAS.**

Pequeño desliz.
(cogerlas en el bosque). Nadie se enterará.
(planta sin frutos). Ocasión desperdiciada.

**☾ FRESCURA.**

(de un objeto, una flor, una persona). Primer amor.

**🐦 FRIALDAD.**

De una persona amada, significa lo contrario.

**☾ FRIEGA.**

Pronóstico de gran valor. El auxilio de un amigo evitará una gran desgracia, un accidente, la ruina, etc.; si es a uno mismo que dan una fricción, es él quien salvará a un amigo.

**🐦 FRIJOL.**

Soñar con frijoles, tanto si los ves como si los comes, es señal de embrollos y contrariedades.

**☾ FRÍO.**

Si en su sueño siente mucho frío, conocerá a una mujer con la que contraerá buena amistad, la cual puede que se convierta en un lazo de matrimonio. Si el frío no fuera muy intenso, quedará en una simple y sencilla amistad, aunque llena de afecto.

✦ *FRONTERA.*
Viaje al extranjero.

☾ *FROTAR.*
(alfombras, papeles, etc.). Vestido, abrigo, etc., manchados o estropeados por falta de cuidado.

✦ *FRUTA.*
(pasada). Aventura amorosa con una persona entrada en años.

☾ *FRUTO.*
En general, desliz en un amorío. Ver el significado particular de cada fruto.

✦ *FUEGO.*
(que arde normalmente con alguna finalidad). Calefacción, cocina, etc., es un pronóstico favorable para el éxito de una empresa o la consecución de un deseo.
(reavivarlo). Pasión que nace.
(ver encender, apagar, incendio, etc.). Juego fatuo, recuerdo de un deber descuidado.

☾ *FUELLE.*
Soñar que ve o usa un fuelle para avivar, supongamos, un fuego, amenaza de calumnias y maledicencias.

✦ *FUENTE.*
Si la fuente mana agua clara, señal de felicidad y alegría. Si el agua es turbia, todo lo contrario.

☾ *FUERTE, FORTALEZA, FORTIFICACIÓN.*
(si se encuentra dentro). A pesar de los obstáculos la persona amada accederá a los deseos; si no, la conquista será difícil.

✦ *FUGA.*
Sueña que se evade de una cárcel, es aviso de que usted trata de escapar, en su vida real, de los perentorios com-

promisos o responsabilidades que tiene. Con toda valentía haga frente a sus problemas, no buscando eludir con excusas ni falsas soluciones su situación, que no todo ánimo y corazón pueden ser vencidas.

**☾ FUMAR.**
Si en el sueño es usted quien fuma, señal de peligro. En vez de cigarrillo fumar un cigarro puro, próxima reconciliación con un familiar o persona de su amistad con quien estaba separado. Fumar en pipa es augurio de larga enfermedad.

**↗ FUNDACIÓN.**
Pronto llegará la ocasión ansiada para forjarse una buena posición.

**☾ FUNDIR.**
(cualquier cosa o mandar). Obstáculos vencidos por la fuerza de voluntad, conquista de un corazón por medio de perseverancia.

**↗ FUNDICIÓN.**
Es signo de progreso y opulencia, siempre que trabaje con esfuerzo y dedicación.

**☾ FUNICULAR.**
Ver Tren.

**↗ FURGONETA.**
Cambio de domicilio.

**☾ FUROR.**
Ver Cólera.

**↗ FUSIL.**
Soñar que lo disparas, próximos disgustos.

**☾ FUSILAMIENTO.**
Ver fusilar a alguien, pronto llegarán a sus oídos noticias de algún caso o suceso que habrá de mortificarle. Si sueña que lo fusilan, recibirá una mala noticia que nunca esperaba.

# G

☽ **GAFAS.**
(ver). Engaños, mucho cuidado.

☾ **GAITA.**
Soñar que uno toca la gaita, augura una mala noticia que más tarde redundará en inesperados beneficios.

☽ **GALANTERÍA.**
No hay que fiarse en absoluto.

☾ **GALERÍA.**
Costará encontrar calzado de la misma horma.

☽ **GALEOTE.**
Indica que deberá tener valor y presencia de ánimo en un asunto difícil que puede presentársele. Si sueña que el galeote se evade de la galera, anuncio de rencillas familiares.

☾ **GALERA.**
No tardará en recibir un gran favor.

☽ **GALERÍA.**
Costará encontrar calzado de la misma horma.

☾ **GALLETA.**
Si se sueña con galletas, pronostica salud y buena fortuna.

☽ **GALLINA.**
Si cacarea, señal de disgustos de familia. Si pone huevos, recibirá beneficios. Rodeada de sus polluelos, pérdidas. Si sueña que come su carne, pronto le pagarán una deuda.

### GALLINERO.
Soñar que el gallinero está vacío, es anuncio de miserias; pero si está repleto de gallinas, es indicio de éxitos.

### GALLO.
El canto del gallo pronostica triunfos. Si soñamos que nos lo comemos, no tardaremos en salir de nuestros problemas.

### GALÓN.
Tratándose del galón que sirve como adorno, deberá usted rectificar su carácter si no quiere verse despreciado.

### GALOPAR.
Si el caballo en que galopa es blanco, recibirá satisfacciones. Siendo negro, vencerá un peligro que le acecha.

### GAMO.
Matar un gamo es signo de éxito. Verlo corriendo por el bosque, vida feliz y apacible.

### GANADO.
Si la persona que cuida del ganado es pobre, recibirá alegrías y beneficios; si quien lo guarda es gente rica, señal de desavenencias.

### GANAR, GANANCIA.
Significado contrario a lo soñado.

### GANGRENA.
Si es uno mismo quien sueña tener tan terrible mal, procure tomar medidas para evitar volver a sufrir una vieja enfermedad que consideraba como ya curada. Si es otra persona que tiene gangrena, indica pérdida de amistades.

### GARABATOS.
(hacer o leer). Complicaciones en el negocio.

### GARBANZOS.
Si es usted quien los come, augurio de riñas y desavenencias entre seres queridos.

⌣ *GARAJE.*
Descanso después de un periodo de trabajo agotador.

⌣ *GARANTÍA.*
Amigo sincero, protector.

⌣ *GARGANTA.*
(dolor de). Se habla demasiado.

⌣ *GARRAS.*
Soñar con las garras de algún animal, le aportarán atenciones de compañeros y amigos.

⌣ *GARZA.*
Si se sueña con garzas, señala péligro de robo. Si por desgracia ha perdido usted un objeto valioso, fracasará en su búsqueda.

⌣ *GAS.*
(de alumbrado que arde). Aclaración de un enigma que intriga.
(explosión). Escándalo.
(ver utensilios, empleados, oficinas de la compañía de gas, etcétera).
Objetos que se pagarán caros y tendrán poca utilidad.
(ver o fabricar algún gas). Idea feliz que mejorará la situación.

⌣ *GATO.*
Ver un gato no indica disputas, ni siquiera si está furioso o contra uno.
(durmiendo o acariciando). Astucias de mujer.
(que corre por los tejados). Novillos.
(ver gatos pelearse). Riña entre novios o rivales.
(negro, blanco o de angora). Acentúa los significados anteriores, sean buenos o malos.
(salvajes). Se conocerá a una persona de un valor extraordinario pero de un carácter terriblemente independiente; sólo con dulzura será posible dominarla.

❧ *GAVILÁN.*
Verlo volar, indicio de que deberá cuidarse de algún enemigo que busca su dinero y su ruina.

☾ *GAVIOTA.*
Este sueño le avisa de que saldrá de sus agobios e incluso es anuncio de un viaje feliz.

❧ *GELATINA.*
Si es que sueña con gelatina, es mal augurio para su salud, en particular si usted sufre de los pulmones.

☾ *GEMELOS.*
Tratándose de gemelos de teatro, grato bienestar. Si se trata de hijos, fortuna y abundancia.

❧ *GENDARME.*
Verlo en sueños, anuncia dicha en el matrimonio, aunque si se tienen hijas, debe procurar vigilarlas.

☾ *GENIO.*
(ver). El apoderado huirá con todo el dinero.

❧ *GENTE.*
Soñar con mucha gente indica que le invitarán a una boda.

☾ *GEOGRAFÍA.*
Viaje. Ver *Mapas.*

❧ *GEOMETRÍA.*
Reparto de herencia.

☾ *GERANIOS.*
Si sueña con ellos, deberá tratar de hacer seguir por mejor camino a una persona a quien quiere y que si no rectifica su modo de ser, podrá traerle a usted muchas contrariedades.

❧ *GESTO, GESTICULAR.*
Ver a una persona que gesticula significa que se preocupa por causa de uno mismo.
(uno mismo). El amor traerá muchos disgustos.

☾ *GIGANTE.*
(ver). Golpe de fortuna que favorecerá a alguien conocido.

🍂 *GIMNASIA.*
(hacer o ver). Relaciones amorosas con una persona bien dotada físicamente.

☾ *GINEBRA.*
(beber). En los momentos de dificultad todos se interesarán por uno.

🍂 *GITANAS.*
No deje de cuidarse si sueña con una gitana de esas que tratan de decirle su buenaventura, ya que tal sueño puede acarrearle una enfermedad.

☾ *GLACIAR.*
Descubrimiento de la indiferencia que sienten por uno las personas que se creían más allegadas.

🍂 *GLADIADOR.*
Rivalidad encarnizada.

☾ *GLADIOLA.*
Soñar gladiolas, es franca señal de que recibirá protección.

🍂 *GLÁNDULA.*
Falta que permanecerá secreta pero que causará remordimientos.

☾ *GLOBO.*
Si el globo es aerostático, reprima de momento sus ímpetus de grandeza. Si fuera de cristal, desengaños amorosos.

🍂 *GLORIA.*
Soñar con la gloria, no es motivo para esperar prosperidades, pero sí puede significar éxitos personales debidos a nuestro comportamiento y esfuerzos.

☾ *GOBIERNO.*
Tener un cargo en el gobierno significa que no se tienen aptitudes para llevar adelante el negocio.

### ✒ GOLONDRINA.

(ver). Regreso de una persona muy querida.

(muerta). Pérdida de un gran amor.

(maltratar o matar). Dolorosa ingratitud.

(posada o haciendo su nido en el tejado). Existencia larga y feliz en unión perfecta con los propios.

### ☾ GOLPEAR.

(una puerta). Deseo satisfecho.

(oír). Alguien solicita ayuda.

### ✒ GOMA.

Proposición de un cretino lleno de humos.

### ☾ GÓNDOLA.

Infausto sueño, ya que indica que asistirá al sepelio.

### ✒ GORDO.

(tocar objetos gruesos). Fortuna conseguida por medios ilícitos.

(ver a una persona gorda). Si había un enfermo en la familia, se restablecerá.

(engordar). Fortura creciente, salud próspera.

### ☾ GORRO.

(de mujer). Habladurías.

(tirado o roto). Vida disoluta.

(puesto de lado). Reproches.

(de dormir). Indisposición, enfermedad leve.

(de burro). Pretensión injusta.

(de obispo). Un charlatán conseguirá engañar.

### ✒ GORRIÓN.

Verlos en sueños, indica que debemos reprimirnos en nuestros defectos.

### ☾ GOTAS.

Si las gotas son de agua y brillantes, es buena señal, ya que son indicio de prestigio personal y aumento de sus negocios. Si se trata de la enfermedad de la gota y es usted quien la sufre, amenaza un grave peligro.

◣ *GOZO.*
La realidad será igual que el sueño.

◖ *GRABAR, GRABADO.*
(ver imágenes grabadas). Indica que se acerca un aconte-cimiento que dejará profunda huella.

◣ *GRADOS.*
(de calor). Aumento de afecto proporcional al de tempe-ratura.
(frío). Al contrario, afecto próximo a extinguirse.

◖ *GRAMÁTICA.*
Necesidad de estudiarla.

◣ *GRANADA.*
Amor con todos sus placeres, belleza, alegría, simpatía y admiración por una joven pareja, etc.

◖ *GRANADERO.*
Su valor y presencia de ánimo, pronto habrán de ponerse a prueba en un asunto en que saldrá triunfante.

◣ *GRANERO.*
Procure librarse de ciertas tentaciones que sólo podrán causarle sensibles perjuicios.

◖ *GRANIZO.*
Si los destrozos son considerables, numerosos sinsabores.

◣ *GRANJA.*
(ver o habitarla). Felicidad, bienestar mayor si está bien orde-nada, los animales están sanos y los cultivos son prósperos.

◖ *GRANJERO.*
Ser granjero o platicar con persona que lo sea, pronostica bienestar en la casa y mejoramiento en la salud.

◣ *GRANO.*
Granos de trigo simbolizan alegría y abundancia. Si son de arroz, magnífica salud. De uva, habrá de imponer su amor y autoridad sobre un miembro de su familia dominado por la

embriaguez. Si los granos son en piel, procure ser más comedido y no cometer imprudencias ni excesos.

## ( GRASA.

Soñar con grasa o substancias grasosas, es señal de que debe procurar reportarle en su modo de proceder, ambicionando ganancias o riquezas ilegalmente, ya que ello puede acarrearle muchos sinsabores.

## GRATIFICACIÓN.

Si sueña que es usted quien la recibe, le anuncian que ha de ser más liberal y caritativo en sus obras. Si es usted quien las da, habrá de recibir un premio a su amor y desprendimiento.

## ( GRIETA.

Si en su sueño ve una grieta en la tierra o en una pared, encontrará trabajo o dinero que mejorará su situación.

## GRILLO.

Oyéndolo cantar dentro de la casa, es señal de alegría; pero si canta en pleno campo, anuncia maledicencias.

## ( GRIPE.

Mal augurio es para uno soñar que sufre de gripe, ya que pronostica penas y contrariedades.

## GRITO.

Por regla general, soñar que uno grita u oye gritar, indica desgracia, traiciones, pérdidas y falta de salud, tanto en usted como en alguno de sus familiares.

## ( GRUTA.

Señala bienestar y éxito, siempre que este sueño no le impresione y trate de separarse de familiares y amigos.

## GUADAÑA.

Si sueña con una guadaña, es aviso de que debe considerar su situación con respecto a su bienestar adquirido por ganancias mal habidas.

☾ *GUANTE.*

Soñar que uno lleva buenos guantes, señal de felicidad; rotos y sucios, contrariedades. Comprarlos, próxima visita de una persona de su afecto.

☽ *GUERRA.*

La guerra augura honores y tranquilidad, siempre que en su vida real procure tomar precauciones para evitar que alguien ajeno a su casa y trabajo se inmiscuya en sus asuntos.

☾ *GUIJARRO.*

Líbrese de proposiciones e intrigas de alguna persona que declara ser su amigo incondicional.

☽ *GUILLOTINA.*

Vaya con cuidado tratando de evitar alguna contrariedad que puede sobrevenirle.

☾ *GUIRNALDA.*

Soñar con guirnaldas es símbolo de fiestas y de algún próximo casamiento que bien pronto sabrá.

☽ *GUISADO.*

Si ves o comes un guisado, es sueño que debe recordarle el cumplimiento de sus obligaciones.

☾ *GUITARRA.*

Si la toca bajo la ventana de una mujer amada, será correspondido en sus amores. Soñar con un conjunto de guitarristas, es señal de próximas y gratas noticias de un familiar o amigo ausente de la patria.

☽ *GUSANO.*

Debe procurar separarse de algún enemigo envidioso.

# H

○ *HABAS.*
El soñar con habas, por regla general, es de mal augurio. Su significado es señal de disputas, riñas, pleitos, deudas, enfermedades y graves complicaciones en nuestra vida.

○ *HABITACIÓN.*
Si en sueños estamos en una habitación, que no es la nuestra, es presagio de que en los negocios, aspiraciones y deseos que emprendemos, ansiamos y esperamos, habremos de tomar toda clase de preocupaciones, no dejándonos llevar ni dirigir por otras personas. Sea usted solo quien los solvente y triunfe.

○ *HÁBITO.*
Si el hábito que vestimos es nuevo, indica alivio de sus males, en caso de que usted se encuentre enfermo. Si es viejo y andrajoso, mejoría en su actual situación.

○ *HABLAR.*
Soñar que nosotros mismos nos escuchamos, es señal de calumnias. Hablar con personas que no conocemos, inconvenientes familiares. Si hablamos con un amigo, ligeras contrariedades.

✪ *HADA.*
(propicia). Alguien se interesa por uno y dará algo que jamás se soñó.

✪ *HALCÓN.*
Pérdida de todos los ahorros en especulaciones bancarias.

✪ *HAMBRE.*
(tener). Salud próspera.

✪ *HAMACA.*
Mecerse en ella, pronostica noticias de una persona que vive allende el océano. Solamente verla, augurio de viaje.

✪ *HAMBRE.*
Si sueña que padece hambre, señal de bienestar y buena salud, así como triunfo en los negocios.

✪ *HARINA.*
Dinero para la lucha.

✪ *HEBREO.*
Se oirán muchas cosas sin entender nada.

✪ *HECHICERA.*
Están proyectando burlarse.

✪ *HELADO.*
Si usted sueña que toma helados, le presagia una molesta enfermedad.

✪ *HELARSE.*
Tanto si es uno mismo como si es otro el que se está helando, significa abandono, pérdida de cariño.

✪ *HÉLICE.*
Pondrán tanto empeño que se acabará por ceder.

○ *HELIOTROPO.*
Están dispuestos a cualquier sacrificio para conseguir el amor.

○ *HEMORROIDES.*
Arrepentimiento de una falta.

○ *HENO.*
Si el heno se ve fresco y hermoso, indudable señal de triunfos, éxitos y dinero. Si estuviese mustio, señala pérdida de algo que usted mucho estimaba.

○ *HERENCIA.*
Grave pérdida de dinero. Gran sorpresa; es posible que se reciba una fuerte herencia antes de un mes.

○ *HERIDA.*
Si sueña que hiere a alguien, es aviso de que los recelos que tiene con familiares o amigos, debe olvidarlos, pues esa persona le estima. Si es usted quien está herido, enfermedades y tristezas presagian.

○ *HERMANO.*
Soñar con un hermano, simboliza alegría.

○ *HERRADOR.*
Ver a un herrero clavando herraduras a una caballería, anuncio de penas y contrariedades.

○ *HERRADURA.*
Encontrarse una herradura, indica que creará una nueva amistad. Soñar con la herradura, significa que recibirá la visita de un amigo que vendrá a devolverle los favores que usted le hizo en anteriores ocasiones. También es anuncio de próximo y feliz viaje.

○ *HERRERO.*
Es mal sueño si lo ve uno trabajando, pues augura derramamiento de sangre.

○ *HIEDRA.*

Señal de afecto y amistades perdurables.

○ *HIEL.*

Si sueña que se derrama por su cuerpo, pronostica dificultades con empleados, sirvientes y cuantas personas dependan de usted. O también desavenencias familiares.

○ *HIELO.*

Soñar con hielo presagia, para los campesinos que tengan este sueño, buenas cosechas y buena fortuna. Si se trata de comerciantes, malos negocios. Y si la persona que sueña con hielo es militar, disgustos y enemistades.

○ *HIERRO.*

Simboliza afecto familiar si se sueña en gran cantidad, como recién salido de la mina. Ya manufacturado, mejoría en su trabajo o negocios. Forjar una pieza al rojo vivo, augura disgustos y contrariedades.

○ *HÍGADO.*

Si al soñar con un hígado nota usted que sufre él, es augurio de mala salud. Si se trata del hígado de algún animal, pronostica bienestar y satisfacción.

○ *HIGO.*

Alguien está perdidamente enamorado de uno mismo.

○ *HINCHAR.*

Cumplido irónico que será tomado en serio.

○ *HIPNOTIZAR.*

Simpatía incondicional de los que te rodean.

○ *HIPO.*

Apuros de un amigo a quien no se puede ayudar.

○ *HIPÓDROMO.*
Toda la vida se estará sometido a otros.

○ *HIPOPÓTAMO.*
Declaración amorosa de una persona con cien kilogramos
a cuestas.

○ *HISTORIA.*
(leer u oír). Una antigua amiga de los difuntos padres ha-
blará de ellos.

○ *HOJAS.*
Recuerdos melancólicos.

○ *HOLGAZANERÍA.*
Pérdida de situación.

○ *HOMENAJES.*
Burlas.

○ *HONORES.*
Alguien se burla de nosotros.

○ *HORMIGA, HORMIGUERO.*
Aumento de los ahorros.

○ *HORNO.*
(vacío). Quiebra por todo lo alto.
(si está lleno de pan). Ver esta palabra.

○ *HORÓSCOPO.*
Inquietudes infundadas.

○ *HOSPITAL.*
Si es uno mismo quien se encuentra recluido en un hospital, su vida no será muy feliz que digamos. Si en él se
halla algún amigo, ganancias y firmes amistades.

○ *HOTEL.*
No tardará en recibir un firme apoyo de persona relacionada con altos personajes.

○ *HOZ.*
Soñar con una hoz es símbolo de mal agüero, salvo que ésta se vea rota o sin filo, pues en tal caso, si se tiene algún enfermo en la casa, no tardará en sanar rápidamente.

○ *HUELGA.*
Significado contrario. Trabajo seguro.

○ *HUELLA.*
Cerca de uno hay alguien que indica el camino a seguir.

○ *HUÉRFANO.*
Es símbolo de desavenencias entre familiares y amigos.

○ *HUESOS.*
Si los huesos son humanos, anuncio de muerte de una persona conocida; si son de animales, augurio de malas noticias. Soñár que está royendo huesos, lamentables sucesos.

○ *HUEVOS.*
Siendo blancos los huevos, recibirá una grata ayuda. Huevos rotos, señalan habladurías, chismes y pleitos que pueden mucho perjudicarle. Estando los huevos duros, anuncio de malas noticias.

○ *HUIR.*
Preocupación desechada, enemigo burlado, a menos que en sueños alcancen los perseguidores.

○ *HUMEDAD.*
Lágrimas.

○ *HUMO.*

Verlo salir es indicio de falso bienestar. Las ilusiones que se haya forjado o las promesas que le hayan hecho, se desvanecerán en verdadero humo.

○ *HUNDIMIENTO.*

Ruina completa, salud incluida.

○ *HURACÁN.*

Si la persona que sueña se halla en medio de un terrible huracán, no tardará en encontrarse en graves dificultades con la familia.

# I

## ✦ ÍCONO.

Si usted sueña que adora o reverencia a un ícono (imagen pintada que representa a la Virgen o Santos en las iglesias rusa o griega), tenga por seguro que habrá un cambio en su vida que vendrá a mejorar su aspecto moral, eliminando de su mente su estado de depresión y desfallecimiento en que actualmente se halla.

## ✦ ICTERICIA.

Si uno mismo es quien la padece, anuncio de próximo bienestar.

## ✦ IDIOMA.

Soñar que usted habla un idioma extranjero, sin conocerlo, significa que es persona de gran cultura y arrolladora virilidad.

## ✦ ÍDOLO.

Adorar un ídolo no es sueño agradable, ya que habremos de prepararnos para recibir disgustos y contrariedades.

## ✦ IGLESIA.

Encontrarse dentro de ella, señal de triunfo en sus negocios o estudios.
Si ve entrar personas para asistir al santo sacrificio de la misa, anuncio de próxima llegada de un familiar o amigo querido.

### 🗡 ILUMINACIÓN.
Símbolo de alegría y regocijo en la familia.

### 🗡 IMAGEN.
Soñar con una imagen, pronostica goces familiares y firme amistad con quienes nos rodean.

### 🗡 IMPRENTA.
Soñar con una imprenta o estar dentro de ella, anuncia éxito en su empresa o trabajo.

### 🗡 INCENDIO.
Dramas de amor en el hogar.

### 🗡 INCIENSO.
Amor y poesía. Versos en honor de una dama.

### 🗡 INDIGESTIÓN.
Un sueño en el cual se sienta usted indigesto, es aviso de que debe procurar ser más sobrio en sus comidas.

### 🗡 INFIDELIDAD.
Pasión celosa y tiránica que alguien siente por uno mismo.

### 🗡 INFIERNO.
(ver). Obstáculos en la vida.
(estar en el). Jolgorio y bullicio que despertará a los vecinos.

### 🗡 INFLAMACIÓN.
Grave disgusto.

### 🗡 INFORMACIÓN.
Pesquisas inútiles.

### 🗡 INFORME.
(tomar). Deudor sin solvencia.
(dar). Causa de una disputa.

## INGRATITUD.
Pronostica lo contrario, es decir, agradecimiento.

## INHALACIÓN.
Beso en la boca.

## INICIALES.
Objeto regalado como recuerdo.

## INJURIAS.
Breve disputa.

## INMOVILIDAD.
(ver a personas inmóviles). Soledad.
(verse uno mismo inmovilizado). Rechazo de un favor.

## INQUIETUD.
Preocupaciones infundadas.

## INSCRIPCIÓN.
(escribir o leer). Carta con dirección equivocada.

## INSECTICIDA.
(usar). Persona inoportuna, molesta o parásita que habrá que echar de casa.

## INSECTO.
Con cualquier clase de insectos que sueñe, es aviso de que algunos de sus amigos, abusando de su bondad, le molestan con peticiones de favores y dinero y que, por lo tanto, debe procurar no ser tan dadivoso.

## INSPECTOR.
Espionaje.

## INSPIRACIÓN.
Ideas luminosas durante el día.

🗡 *INSTRUMENTOS.*
Ver *Acordeón, Flauta,* etc.

🗡 *INSURRECCIÓN.*
(ver). Acceso de cólera.
(tomar parte). Satisfacción de una venganza.

🗡 *INTERESES.*
recibir). Fondos mal administrados.
(pagar). Apuros monetarios crecientes.

🗡 *INTÉRPRETE.*
Insinuación, declaración de amor hecha por un tercero.

🗡 *INTESTINOS.*
Grave enfermedad de un allegado.
(verse los suyos). Esta enfermedad ronda a uno mismo.

🗡 *INUNDACIÓN.*
Suceso que decidirá el futuro.

🗡 *INVÁLIDO.*
(ver). Desilusión de la persona en quien se cifraban las mayores esperanzas.
(ser). Uno mismo será quien defraude.

🗡 *INVASIÓN.*
Este año habrá cantidad de chinches, pulgas, etc. En las próximas fiestas se tendrá que alojar a una nube de parientes y amigos.

🗡 *INVENTO.*
Decepción.

🗡 *INVIERNO.*
Si usted sueña estar viviendo en un invierno muy frío, procure cuidar su salud. Si al soñar en el invierno nota

que el frío no le afecta, aun a pesar de hallarse entre la nieve, no se olvide de estar al cuidado de sus negocios.

### INVITACIÓN.
Recibirla para asistir a una fiesta, tenga por seguro que no tardará en que llegue a sus manos.

### INVITAR.
(a alguien). Cuidado con dejarse dominar demasiado.

### INYECCIÓN.
Embarazo.

### IRRITACIÓN.
Se deben moderar las ansias de placer.

### ISLA.
Señal de próximo viaje. Si la isla está desierta, procure mantener su amistad con los amigos que le rodean y que le estiman, pues eso indica que no debe apartarse de ellos.

### ITINERARIO.
(planear). Largo viaje.

# J

### JABALÍ.

El soñar con un jabalí, augura que se verá perseguido y acosado por sus enemigos. Sin embargo, cazarlo, indica que saldrá triunfante de adversidades.

### JABÓN.

Es señal de enredos y situaciones difíciles, que se tendrán que ir venciendo paulatinamente.

### JACINTO.

Esta bella flor es símbolo de amistad. No obstante, procuremos escoger nuestros amigos para evitarnos posteriores dificultades con ellos.

### JAMÓN.

Si sueña que lo está cortando, pronto recibirá un obsequio o recompensa. Si lo vende, significa aumento de familia o de fortuna.

### JAQUECA.

El soñar que uno mismo tiene jaquecas, augura penas y leve enfermedad.

### JARABE.

Beber jarabe es un mal sueño. Pues ello indica que la persona que lo bebe se sentirá mal del cuerpo. Debe procurarse tener cuidado con las cosas de comer.

## JARDÍN.

(ver o pasearse). Testimonio de afecto.
(cultivar el ). Muestras de cariño.

## JARDINERO.

Si sueña con un jardinero, le tocará la lotería y si tiene dinero invertido en acciones aumentará notablemente.

## JARRÓN.

Un jarrón con flores, es indicio de próximas y agradables noticias de algún familiar. Con abrojos o flores marchitas, augurio de contrariedades. Si se rompiera el jarrón, sufrirá un accidente grave o tal vez se trate de un amigo.

## JAULA.

Una jaula sin pájaro o que éste no cante estando en ella, es señal de intervenciones policiacas e inconvenientes judiciales. Estando el pajarillo cantando alegremente, saldrá de un grave aprieto o situación. Abrir la jaula para darle libertad al pájaro, dichas conyugales y familiares.

## JAZMÍN.

Soñar con esta flor, significa amor y fidelidad entre personas que se quieren. También es indicio de buenas amistades.

## JERGÓN.

Estar acostado en un jergón, augura miserias. Si se tiene algún plan próximo a realizarse, hay que andar con cuidado para evitarnos un fracaso.

## JERINGA.

Si se sueña con una jeringa rota, es señal de malos negocios.

## JEROGLÍFICO.

Hablarán en presencia de uno mismo de asuntos misteriosos.

**⚓ *JERUSALÉN.***
Diligencias costosas e inútiles.

**⚓ *JILGUERO.***
Conquista de una persona muy atrctiva que bien pronto se volverá a perder.

**⚓ *JINETE.***
Ver un jinete, indica perjuicios, los cuales podrán ser mucho mayores si se sueña que el jinete se cae del caballo.

**⚓ *JIRAFA.***
Imagen de la persona esmirrisda y alta que unirá su destino al propio.

**⚓ *JITOMATE.***
Si sueña que los come, augurio de salud magnífica. Si solamente los ve, aviso de buenas noticias respecto a un asunto o negocio y cuyas gratas nuevas se esperaban con ahínco.

**⚓ *JOROBADO.***
(ver). Buena suerte, ganancias inesperadas.
(si se pasa la mano por encima). Se sacará el gordo de la lotería.
(ser). Hay que corregir cierto defecto que es el hazmerreír de todos.

**⚓ *JOYAS.***
Si es uno mismo quien las posee, debe procurar guardarlas y no venderlas. Soñar que uno las ve, indicio de un negocio o trabajo que le proporcionará buenas ganancias.

**⚓ *JUBILEO.***
Se pagarán todos los ahorros por un objeto que jamás entregarán.

**⚓ *JUDAS.***
Una persona muy querida traicionará al soñador.

❧ *JUDÍAS.*

(ver en la planta, verdes, secas, etc.). Alguien se separará de la sociedad.

❧ *JUDIO.*

(ver). Puertas cerradas a un antiguo amigo.

❧ *JUECES.*

(en el tribunal). Ver *Tribunal.*
(fuera). Enfado durante el día.
(ser). Ruptura de noviazgo.

❧ *JUEGO.*

Si jugando cualquier juego de azar, uno sueña que gana, perderá amigos queridos. Si pierde, volverá de nuevo a la paz y la tranquilidad, aliviando sus dolencias o aflicciones. Tratándose de juegos de niños, significa bienestar, salud y confraternidad familiar.

❧ *JUGO.*

Alguien se despojará de todos sus bienes por causa del soñador.

❧ *JUGUETES.*

Si sueña con juguetes, deberá andarse con cuidado respecto a su manera de proceder, ya que si llega a cometer alguna travesura tendrá que arrepentirse.

❧ *JURAMENTO.*

Soñando que uno hace un juramento y lo cumple fielmente, será objeto de honores y dignidades. en cambio, si uno falta a él, recibirá desprecio y humillaciones.

❧ *JUVENTUD.*

Si la persona que sueña es persona ya de cierta edad y se ve joven y apuesto, es símbolo de salud, alegría y prosperidades.

### ⚓ JUZGADO.

Hallarse en un juzgado uno mismo en calidad de detenido por haber cometido una falta o delito, es clara señal de que pronto se verá libre de las preocupaciones y necesidades que le han venido agobiando. Si el acusado que se presente ante el juez es un amigo de usted, cuídese de un grave peligro que puede pejudicarle.

# L

✦ *LABERINTO.*

Soñar que se encuentra en un laberinto y no acierta a dar con la salida, es augurio de que habrán de presentársele dificultades, tanto en su trabajo como en su negocio. Tales dificultades podrá usted vencerlas con su constancia y recto modo de proceder.

✪ *LABIOS.*

Si en su sueño se ven unos labios jóvenes y sonrosados, su significado es que gozará de gratos lances amorosos y su salud no tendrá nada que desear. Si esos labios fueran abultados, burdos o paliduchos, significarán todo lo contrario: fracasos en el amor y falta de salud.

✦ *LABORATORIO.*

La persona que sueñe ver o estar en un laboratorio, es señal de éxitos y bienestar, siempre que ésta sea activa y laboriosa en su trabajo o negocio.

✪ *LABRADOR.*

Si sueña con un labrador, grato indicio de prosperidad en su trabajo y bienestar familiar.

✦ *LADRIDOS.*

Oír en sueños ladrar un perro augurio de penas y contrariedades. Si se oye aullar, anuncio de muerte.

185

✪ *LADRILLOS.*
(enteros). Herencia de una cosa pequeña.
(ladrar). Amonestaciones en vano.

✦ *LADRÓN.*
Viéndolos o no, pero si los ladrones han entrado a su casa y le han robado, indica presagio feliz para cualquier trabajo, empresa o asunto que usted acometa.

✪ *LAGARTIJA.*
Soñar con este animal, significa que debe guardarse de asechanzas de personas que buscan su ruina o malestar.

✦ *LAGARTO.*
Baño de sol.

✪ *LAGO.*
Este sueño significa que no tardará en recibir alegría y contento al lado de personas de su mayor estimación, bien en su casa o en una fiesta próxima a celebrarse.

✦ *LÁGRIMAS.*
Si sueña ser usted mismo quien llora, anuncio de alegría. Si las lágrimas las ve en los ojos de otra persona, feliz término de penas.

✪ *LÁMPARA.*
Una lámpara cuya luz sea brillante, indicio de terminación de penas, tras una corta temporada de crisis. Y si la persona que soñara con ella estuviese delicada o enferma, señal de pronto restablecimiento en su estado.

✦ *LANA.*
Soñar con lana (en rama o en tela) indica prosperidad familiar. Símbolo de buenas amistades. Llevar un abrigo de lana, presagia desdichas.

✪ *LANGOSTA.*
Si la langosta es de mar, augura placeres y gratas reuniones familiares. Si ésta fuera terrestre (chapulín), procure cuidar sus negocios o trabajo.

**✦ LANZA.**
Una lanza simboliza esperanzas perdidas, particularmente si quien la sueña es una mujer.

**✪ LÁPIDA.**
Debe procurar no ser infiel y portarse bien en la vida que lleva, de lo contrario pronto habrá de ser desenmascarado.

**✦ LÁPIZ.**
Soñar con lápices, indica fracaso de los proyectos o ilusiones que te había forjado.

**✪ LATA.**
Carrera agotadora.

**✪ LÁTIGO.**
Golpear a alguien con un látigo, significa inconvenientes para uno mismo.

**✦ LAUREL.**
Soñar con laurel, es augurio de suerte: para las solteras, esposo; hijos para los casados y ventura y felicidad sin límites. Verse coronado de laurel, llevar simplemente una rama en la mano o aspirar su grato perfume, fortuna y holgura, paz y bienestar en el hogar.

**✪ LAVADERO.**
Si es usted quien se halla en el lavadero o ante la lavadora eléctrica, limpiando su ropa, señal de próxima reconciliación con una persona de quien se hallaba distanciado.

**✦ LAVANDA.**
Amor llevado hasta la adoración.

**✪ LAVANDERA.**
Si sueña con su criada o con la mujer que viene a su casa a lavar su ropa, recibirá gratas noticias que habrán de beneficiarle.

✦ *LAVAR.*

Lavarse uno mismo el cuerpo o las manos. Habremos de tener en cuenta acudir en ayuda de una persona amiga a la que debemos socorrer en lo que podamos.

✪ *LAVATIVA.*

Si es uno mismo quien sueña poner una lavativa a otra persona, es señal de que nuestros asuntos o negocios pronto irán por el mejor camino.

✦ *LAZO.*

Hallarse lleno de lazos, indica múltiples dificultades para poder salir airoso de sus apuros. Tratándose de los lazos matrimoniales que simbólicamente unen a los futuros esposos, buenos negocios.

✪ *LECHE.*

Soñar que la bebe, símbolo de salud y fecundidad. Si la derrama, pérdida de dinero y de amigos. Si sólo ve la leche en un recipiente, botella o vaso, próxima amistad con una persona a la que antes no conocíamos.

✦ *LECHERÍA.*

(ver) Deseo ardiente.

✪ *LECHUGA.*

Si la ve, señal de salud y mejoras en su situación. Si sueña que la come, leve enfermedad o disgusto pasajero.

✦ *LECHUZA.*

Soñar con una lechuza no es signo agradable, sino al contrario; es anuncio de grave enfermedad o muerte de alguien que es muy estimado por usted.

✪ *LEER.*

Si es uno mismo quien lee, señal de advenimiento de contrariedades y litigios. Ver leer a otra persona, recibirá buenas noticias.

✦ *LEGAÑAS.*

Soñar con legañas o que uno tiene los ojos legañosos, no tardará en saber malas noticias de un amigo a quien estima.

✪ *LEGUMBRES.*

Por regla general, soñar con legumbres es sueño desagradable. Si están en la huerta, indicio de aflicciones. Sueltas, en el mercado, en la cocina o en la mesa, discordia entre amigos y compañeros.

✦ *LEJÍA.*

Perdón mutuo, reconciliación tras largos años de separación.

✪ *LENCERÍA.*

Si está en piezas, retraso en el cumplimiento de los sucesos previstos, o alejamiento del lugar donde ocurren.

✦ *LENGUA.*

Soñar con una lengua larga, señal de pesares. Si ésta es gruesa, indicio de buena salud.

✪ *LENTEJAS.*

Las lentejas representan egoísmos y corrupción.

✦ *LENTES.*

Soñar que los compra para su uso personal, augura noticias desagradables que le sumirán en el mayor desconcierto. Si se ve uno mismo usándolos (aunque en la vida real los lleve o no), desconfíe de una persona que se dice su amigo y puede perjudicarle.

✪ *LEÑA.*

Si la ve formada en haces recibirá noticias de un buen amigo que se halla enfermo. Si usted carga el atado a su espalda, las tribulaciones que ahora le aquejan perdurarán por algún tiempo. Ver leña quemada, anuncio de bienes a costa de nuestro trabajo.

## 🗡 *LEÑADOR.*

Soñar que es usted quien corta leña en el bosque, recibirá satisfacciones en el trabajo que en su vida real ejecuta. Ver a un leñador, afecto y complacencias de amigos.

## ✪ *LEÓN.*

Batirse con un león y vencerlo en lucha tan desigual, significa que también vencerá en la lid a los enemigos que quieren perjudicarle. Sin embargo, si cae bajo sus garras, sus enemigos triunfarán contra usted. Ver varios leones juntos, es anuncio de que puede asociarse con las personas que se lo propongan para formar un club o emprender un negocio.

## 🗡 *LEPRA.*

(tener). Volverán la espalda por causa de la propia pobreza.

(ver un leproso). Se tendrá que admitir que cierta persona es indigna de afecto.

## ✪ *LETANÍAS.*

(oír). Historia aburrida e interminable.

## 🗡 *LETRERO.*

El que sueña ver un letrero o cartel, augura que saldrá airoso de un peligro que le estaba acechando.

## ✪ *LEVANTAR.*

(a alguien). Oportunidad de consolar a un amigo.
(ser levantado). Se recibirá este mismo servicio.

## 🗡 *LEVANTARSE.*

Olvido de los disgustos, recobro de energía.

## ✪ *LEY.*

Si es uno mismo quien sueña ser un representante de la ley, significa que puede considerar afirmado en su trabajo o negocio. En caso de ser transgresor de la ley, tiene un significado completamente contrario.

🗡 *LIBÉLULA.*

Soñar con una libélula, grato anuncio de riquezas que aliviarán o mejorarán su actual situación.

✪ *LIBERACIÓN.*

Librarse de un peligro, de la cárcel, etc., pronostica un cambio favorable de situación.

(librar a alguien). Ocasión de prestar un gran favor.

🗡 *LIBERTAD.*

Soñar que se recobra la libertad es siempre un excelente augurio.

✪ *LIBERTINAJE.*

Entregarse a él o ser testigo presagia graves faltas. Hay que rectificar el comportamiento cuando todavía es tiempo.

🗡 *LIBRETA.*

Es una clara advertencia de que debes procurar ser más comedido en tus gastos, so pena de acabar en la miseria.

✪ *LIBRO.*

Si sueña con libros, es señal de larga vida. Si se trata de libros piadosos, símbolo de buena salud. Un libro abierto, dicha y bienestar; cerrado, misterio.

🗡 *LICOR.*

Soñar con licores, augurio de consideraciones y respetos, haciéndonos dignos de ellos.

✪ *LIEBRE.*

Este sueño es indicio de que haremos prontas y convenientes adquisiciones.

🗡 *LIGAS.*

Llevándolas uno mismo puestas, presagio de achaques y enfermedades. Soñar que nos las quitamos, decepciones. Vérselas quitar a una mujer, término de penas y dificultades.

✪ *LIMÓN.*

Anuncio de amarguras que, afortunadamente, no perdurarán por mucho tiempo.

✦ *LIMONADA.*

Si es uno mismo quien sueña que se la prepara, inicio de contrariedades. Beberla, augurio de enfermedad o muerte.

✪ *LIMOSNA.*

Soñar que la da, significa dicha. Recibirla, desgracia, pudiendo incluso perder la ocupación que teníamos.

✦ *LIMPIEZA.*

Siendo uno mismo quien hace la limpieza de la casa, anuncio de gratas noticias no muy gratas pero, que afortunadamente, no serán verídicas. Por regla gneral, este sueño augura final de penas, de molestias, enfermedad y posibles enemistades.

✪ *LÍNEA.*

(derecha). Persona que merece confidencias.

✦ *LINTERNA.*

Soñar que se alumbra con su linterna, es un aviso de que debe obrar con prudencia en sus asuntos. Si ésta se halla apagada, tendrá inconvenientes debidos a su despreocupación o irresponsabilidad. Guárdese de amigos envidiosos.

✪ *LIRA.*

Símbolo de amor y de ternura, de sentimiento poético y romántico.

✦ *LIRIO.*

Si sueña con lirios durante el tiempo en que florecen, significa paz y felicidad; si éstos los sueña fuera de su época, pérdida de esperanzas e ilusiones.

✪ *LISTÓN.*

Símbolo de penas y contrariedades. Cuanto más largo sea el listón, mayores serán éstas.

**✦ LITURGIA.**

Soñar que se halla presente en cualquier ceremonia litúrgica, es buena señal de que recibirá apoyo en proposiciones que usted haya hecho, lo cual redundará en su beneficio y auge.

**✪ LLAGA.**

Soñar que se tienen llagas, augurio de pérdida de dinero.

**✦ LLAMADA.**

Si ve en sueño que una persona le habla por teléfono, considérelo usted como un recordatorio de algún asunto que había olvidado y debe llevar a cabo. En cambio, si al hablarle menciona su nombre, es señal de que todo marcha bien.

**✪ LLAMAS.**

Aviso de que cuide su salud, en particular sus pulmones y corazón, procurando evitar actos violentos o emocionales.

**✦ LLANTO.**

Llorar es símbolo de próximas alegrías en la vida real del que sueña que llora. Si se ve llorar a muchas personas, presagia una calamidad pública, la cual no habrá de afectarnos.

**✪ LLANURA.**

Si vemos una gran llanura o caminamos por ella, indicio de ganancias en nuestro trabajo y prosperidad en los negocios.

**✦ LLAVE.**

Soñar con llaves, anuncio de sana alegría. Verlas en un llavero, próximo matrimonio al que asistiremos. Perder una llave, fuerte disgusto se nos prepara. Encontrarla, Aventurilla amorosa.

**✪ LLUVIA.**

Si la lluvia es abundante y tempestuosa, augura felicidad para los humildes y temores para los ricos. Una lluvia suave, buenas ganancias en los negocios.

### 🏃 LOBO.
Si vemos que el lobo nos ataca, un enemigo nos causará perjuicios. Si nos muerde, seremos víctimas de una gran perfidia. Si lo matamos, seguro triunfo sobre nuestros enemigos.

### ✪ LOCO.
Siendo en sueños uno mismo quien se halla privado de la razón, demuestra que se es muy cuerdo y responsable y que disfruta de envidiable salud. Si la que sueña es mujer soltera, anuncio de próximo matrimonio. Casada, próxima llegada de un hijo que destacará notablemente en la vida.

### 🏃 LOCOMOTORA.
Verla correr, señal de próximo viaje. Si está descarrilada, seremos víctimas de nuestra precipitación.

### ✪ LODO.
Soñar que caminamos sobre un terreno lodoso, augura pérdida de algo que mucho estimábamos. Si resbalamos en él, significa líos judiciales. Si caemos y nos enlodamos, anuncio de grave enfermedad.

### 🏃 LOMA.
Hallarse uno en lo alto de una loma, señal de pérdida de dinero, con su correspondiente secuela de penalidades y sinsabores.

### ✪ LOMBRIZ.
Augurio de disgustos y desaveniencias familiares, ello debido a falta de recursos.

### 🏃 LOMO.
Soñar con un lomo de res, cerdo, etc., le anuncia que pronto recibirá un dinero que no esperaba, con el cual solucionará todos sus problemas, bien sean familiares o de negocios.

### ✪ LORO.
Buen augurio es soñar con un loro, ya que no tardará en recibir noticias de que un familiar o amigo, quien se ha-

llaba muy enfermo, ha recobrado su salud casi milagrosamente.

### ✦ LOTERÍA.

Si al soñar con un número de la lotería usted recuerda al despertar la cifra final, trate de comprar un billete o participación que termine con ese número.

### ✪ LUCHA.

Soñar que uno contiende con un conocido, pronto sabrá de una persona que se decía ser su amigo y le está perjudicando.

### ✦ LUNA.

La luna llena, augurio de bienestar y prosperidad en la casa. Cuarto creciente, afinidades amorosas. Cuarto menguante, desavenencias en el amor. Ver la luna opaca o pálida, señal de inconveniencias y sinsabores. Si soñamos que estamos en la luna, augurio de dinero inesperado.

### ✪ LUNAR.

Tener un lunar en el rostro, es símbolo de burlas y de crítica mordaz por parte de sus amistades.

# M

☾ *MACARRONES.*

Soñar que los cocinamos, significa que somos personas fáciles de contentar. Si soñamos que los comemos, paz y tranquilidad en el hogar.

✦ *MACETA.*

Una, o varias macetas, auguran amor y comprensión entre los seres estimados.

☾ *MACHETE.*

Ofensas que provocarán la separación, graves ultrajes.

✦ *MADEJA.*

Si sueña que está deshecha o revuelta, debe preocuparse de sus negocios que andan igual, sin que usted se haya enterado. Devanarla, anuncio de éxitos. Si la madeja fuera de hilo o de estambre, estancamiento en nuestro trabajo o negocio. En cambio, si es de seda, indica pros-peridad en ellos.

☾ *MADERA.*

La madera en general, tablones, vigas, listones, etc., es un sueño agradable que nos anuncia nuevos trabajos, en empresas o negocios, que habrán de prosperar si nos dedicamos a ellos con el mayor empeño.

✦ *MADRE.*

Soñar con una madre, tanto que esté viva como muerta, es grato augurio de paz y de felicidad. Si sueña que está hablando con ella, pronto recibirá noticias de un familiar a quien mucho se estima.

☾ *MADRESELVA.*

Anuncio de próximo casamiento de una persona que figura entre el número de sus buenas amistades.

✦ *MADRIGUERA.*

Uno de los familiares corre peligro.

☾ *MADRINA.*

Debe cuidarse de alguien de los que le rodean, ya que sus intenciones no son buenas.

✦ *MALDICIÓN.*

(recibir). Mala suerte.
(dar). Ingratitud de los hijos.

☾ *MALETA.*

Indicio de próximo viaje el cual le reportará buenos resultados y magníficas ganancias.

✦ *MANCHA.*

Ver manchas, tanto en el traje o vestido, en las paredes o en cualquiera otro lugar, indica pesadumbres y tristeza.

☾ *MANCO.*

Si sueña con una persona manca, deberá tratar de cambiar su carácter que habrá de reconocer que es duro con sus empleados o amigos; de lo contrario, aténgase a las circunstancias.

✦ *MANDAR.*

Situación conquistada al precio de graves preocupaciones.

☾ *MANDARINA.*

Este sueño indica que en usted hay deseos de superarse y progresar, pero no debe desmayar en su trabajo, so pena de que, por su negligencia, su ideal no llegue a realizarse.

✦ *MANDÍBULA.*

Si la mandíbula que usted sueña está completa, esto es, con todos sus dientes, señala prosperidad y riquezas. Pero en caso contrario, es anuncio de enfermedad o pérdida de algún familiar o amigo.

☾ *MANIFESTACIÓN.*

Disputa que se resolverá a puñetazo limpio.

✦ *MANIQUÍ.*
Enlace con una persona débil de carácter.

☾ *MANO.*
Este sueño tiene muchos significados. Las manos lindas, señal de buenos negocios y paz hogareña. Si uno mismo se las contempla, augurio de enfermedad. Una mano velluda, decaimiento en su trabajo o negocio. Lavárselas, preocupaciones. Si la mano está cortada, pérdida de una buena amistad.

✦ *MANTA.*
Los padres dotarán o ayudarán económicamente.

☾ *MANTECA.*
Comerla, indicio de cierto relativo bienestar, alternado con alegrías y contrariedades. Elaborarla o hacer una comida con ella, simboliza afecto de buenas amistades.

✦ *MANTEQUILLA.*
Se reunirá un capital considerable por medio de ingresos de escaso valor, pero constante.

☾ *MANTILLA.*
Grandes secretos amorosos nos serán anunciados.

✦ *MANZANA.*
Infidelidad a la que seguirá una disputa.

☾ *MAPAS.*
Viajes tanto más largos cuanto más alejados sean los países del mapa visto en sueños.

✦ *MAQUILLARSE.*
Propósito conseguido dando un rodeo.

☾ *MÁQUINAS.*
Si funcionan bien, el trabajo rendirá; acontecerá lo contrario si se estropean o rompen y sobre todo si ocurre un accidente.

✦ *MAR.*
Si el mar está en calma, algún pariente habrá de prestarle ayuda en nuestra actual situación. Mar alborotado, anun-

cio de peligros. Si uno sueña caer en el mar, fatal accidente para uno mismo o persona allegada. Caminar sobre el mar, feliz solución de los problemas que le aflijan.

☾ *MARAVILLA.*
Encuentro con una persona notable por sus cualidades.

🗡 *MARCO.*
El marco de un cuadro, indicio de vida feliz, ello debido a su conducta y economía. Dulce dicha conyugal.

☾ *MARFIL.*
Este sueño significa recibo de buenas noticias y de gratos regalos.

🗡 *MARGARITA.*
Si sueña contemplar un ramo de margaritas, anuncia paz y felicidad por mucho tiempo, así como declaraciones amorosas. Si está deshojándola, señal de amoríos sin importancia.

☾ *MARIDO.*
Si usted le pega a su marido en sueños, pronto recibirá un regalo que habrá de satisfacerla. Siendo soltera la persona quien sueña tener un marido, augura entonces próxima boda.

🗡 *MARINO.*
Apareciendo en su sueño que usted es un marino, le avisa peligros y desgracias. Soñar con un marino, augura enfermedad o posible caso de que se agrava, siendo usted quien se halla enfermo.

☾ *MARIPOSA.*
Mariposa blanca o de colores. Indicio de que usted es persona voluble e inconstante. Si es negra, sinsabores y tal vez infaustas noticias.

🗡 *MARISCO.*
Si está vacío, augurio de pérdida de dinero. Si se ve fresco y relleno, pronto se realizarán sus ilusiones.

☾ *MÁRMOL.*
Emblema de la persona a quien van dirigidos los propios anhelos.

☀ *MARTILLO.*
Ver un martillo que golpea con fuerza un yunque o cualquier otro objeto, anuncia vida activa que seguramente le conducirá al éxito en su trabajo o negocio. Desde luego, deberá usted procurar apartarse de toda clase de violencias que pueden perjudicarle.

☾ *MARTIRIO.*
Soñar que a uno mismo lo martirizan, anuncio de agasajos y honores.

☀ *MÁSCARA.*
Sin ocasión de un baile de carnaval: cuidado con un hipócrita que intenta introducirse en el corazón de uno mismo.

☾ *MATANZA.*
Es un grave augurio, epidemia, revolución, accidente mortal.

☀ *MATEMÁTICAS.*
El éxito coronará los esfuerzos.

☾ *MAULLIDO.*
Riña entre enamorados o rivales.

☀ *MAZORCA.*
Teniendo un sueño feliz, lleno de promesas y bienestar, si se aparece una mazorca en él, su dicha será efímera, por lo que debe desconfiar de tal ensoñación.

☾ *MEDALLA.*
Soñar con medallas es grata señal de que conocerá a una persona de posición y dinero que habrá de favorecerle.

☀ *MEDALLÓN.*
Poca salud, desarreglo espiritual.

C* **MÉDICO.**
Grave enfermedad de un allegado.

✦ **MEDIDAS.**
Presagian un negocio limpio y lucrativo.

C* **MEDIODÍA.**
Calor en el afecto.

✦ **MEDITACIÓN.**
Las sabias reflexiones llevarán a la felicidad.

C* **MELANCOLÍA.**
Pena consolada.

✦ **MELENA.**
Coces de caballos.

C* **MELÓN.**
Se es tomado por bobo.

✦ **MELLIZOS.**
Felicidad, prosperidad.

C* **MEMBRILLO.**
Pasión por una persona áspera, pero llena de méritos y que a la larga se pulirá.

✦ **MENDIGO.**
Un conocido caerá en la miseria más absoluta.

C* **MENTA.**
Anhelo de abrazos que puede llegar más lejos.

✦ **MENTIRA.**
Dicha por uno mismo o por otro, la realidad será igual que el sueño.

C* **MERCADO.**
Si es muy animado indica prosperidad en los negocios.

✦ **MESA.**
Aumento de bienestar, sobre todo si está puesta.

☾ *MIEDO.*
Mala noticia que más tarde se verá que es falsa.

✈ *MIEL.*
La perseverancia en el trabajo reportará bienestar y felicidad.

☾ *MILAGRO.*
Negocio en que se estará tan metido que no habrá salida.

✈ *MILITAR.*
Si en sueños se le aparece un militar, significa que usted ya es persona preparada para emprender cualquier empresa o negocio.

☾ *MILLÓN.*
Soñar que se es millonario presagia la ruina completa a que conducirá la pereza.

✈ *MIMO.*
Protección, buenas acciones que se agradecerán.

☾ *MINA.*
Empresa fructífera, fondos de reserva, etc.

✈ *MIRADOR.*
Conquista de una buena situación en sociedad, en especial si se sube.

☾ *MISA.*
Diligencias inútiles.

✈ *MISIONERO.*
Vendrán de lejos con objeto de despojar al soñador de los pocos ahorros.

☾ *MOCHILA.*
Caminata en perspectiva.

✈ *MODELO.*
Invitación a mejorar de conducta.

## ☾ MOLER.

Cualquier cereal, café, etc., que sueñe uno mismo estar moliendo, augurio de éxitos y abundancia.

## ✦ MOLINO.

Buena temporada para las cosechas, sobre todo si funciona o se entra en él.

## ☾ MOMIA.

Visita de una tía abuela.

## ✦ MONASTERIO.

Internado uno como monje en un monasterio, señal de paz y afectos en la familia y amigos. Hallarse dentro de una celda, en penitencia y oración, grata solución de algo que le tenía preocupado.

## ☾ MONEDA.

Si es de oro, penas; de plata, felicidad. De cobre o aluminio, fortuna. Si la moneda es falsa, contrariedades.

## ✦ MONEDERO.

Soñar con un monedero vacío, señal de próximas ganancias. En cambio, si está lleno, augurio de contrariedades.

## ☾ MONJE.

Soñar a un monje con hábito blanco, significa éxitos. Pero si el hábito es negro, dificultades.

## ✦ MONO.

El soñar monos nos indica que debemos procurar librarnos de raterías y de amigos chismosos.

## ☾ MONSTRUO.

Si los vemos de lejos, procuraremos apartarnos de alguien que se llama amigo y sólo trata de perjudicarnos. Estando cerca, indicio de salud y de amistad.

## ✦ MONTAÑA.

Subir por ella, prosperidad. Bajarla, miseria. Solamente verla, anuncio de un hermoso viaje.

☾⁎ **MONUMENTO.**
Noviazgo con una persona de edad madura, muy bien conservada.

✦ **MORDER.**
Atentado contra la propia reputación si se es mordido; si se muerde, enemigo que recibirá su merecido.

☾⁎ **MOSCA.**
Sorpresa ante las intenciones de un niño que gozaba de confianza.

✦ **MOSTACHOS.**
Intentos de conquista.

☾⁎ **MOZO.**
Regalo valioso, inmueble que se recibirá muy pronto.

✦ **MUCHEDUMBRE.**
Ver una muchedumbre de gentes pronostica que muy pronto se adquirirá gran notoriedad.

☾⁎ **MUDARSE.**
Situación estable.

✦ **MUDO.**
No contestarán a la carta.

☾⁎ **MUEBLES.**
Comprar, fabricar, restaurar, significa aumento de bienestar.

✦ **MUELA.**
Tiene mal significado el que en sueños se le caiga a uno una muela, ya que augura muerte de algún familiar o amigo muy querido.

☾⁎ **MULETA.**
Si no se evita, un conocido cometerá un error fatal.

✦ **MUÑECA.**
Se está jugando con el corazón.

☾⁎ **MURCIÉLAGO.**
Una persona fea y tímida ama en secreto.

✦ *MURO.*

Obstáculo, especialmente si el visto en sueños interrumpe la carretera. Triunfo si se escala.

☾ *MUSEO.*

Desarrollo de las potencias intelectuales.

✦ *MÚSICA.*

Oír una buena música, señal de consuelo. Soñar que oímos música desafinada y desagradable, augura calumnias.

☾ *MUSLOS.*

Dominio de la imaginación.

# N

**❧ NABO.**
Quien sueña con ellos, estando enfermo, pronto se restablecerá por completo.

**✪ NACIMIENTO.**
Ver nacer un niño o enterarse en sueños de un nacimiento, presagia siempre noticias o sucesos agradables.

**❧ NADAR.**
Éxito seguro en una empresa.

**✪ NAIPES.**
La fortuna sonreirá tanto más cuanto más éxito se consiga en sueños.

**❧ NALGAS.**
Si es uno mismo quien se las ve, señal de peligro. Si el hombre o mujer que las contempla sueña con las nalgas de una persona de distinto sexo, signo de lujuria.

**✪ NARANJA.**
Soñar con naranjas, anuncio cierto de problemas y contrariedades.

**❧ NARIZ.**
Ver o tener una nariz corta o muy chata, señala enemistades. Desproporcionadamente larga, signo de salud y de bienestar. Muy grande y abultada indicio de infidelidades amorosas.

✪ *NAUFRAGIO.*
Si sueña que usted viaja en un barco y éste naufraga, deberá precaverse para evitar que le suceda algo malo.

✙ *NAVIDAD.*
Nacimiento de un niño.

✪ *NAVÍO.*
Período de la vida en el que se tendrá que luchar para forjarse una posición. El éxito depende de los incidentes felices o infortunados de la navegación; si hay naufragio hay que temer al porvenir; sin víctimas, todo se arreglará.

✙ *NEGOCIOS.*
En sueños es un mal presagio.

✪ *NEGRO, NEGRA.*
Mentira con apariencias de verdad.

✙ *NERVIOS.*
Padecer una afección nerviosa es augurio de graves contrariedades.

✪ *NIEBLA.*
Retraso en el cumplimiento de los sucesos previstos, o alejamiento del lugar en que ocurren.

✙ *NIEVE.*
Fidelidad absoluta de la persona que se ama.

✪ *NIÑOS.*
Cuantos más niños se sueñan y más limpios y arreglados más se puede confiar en la felicidad conyugal, sobre todo si se cuidan o acarician. Si disputan, riñas internas. Si se pegan, se recibirá una zurra.

✙ *NOCHE.*
Mejoramiento de situación. Si brilla la luna se es amado apasionadamente.

**✪ NOTARIO.**
Ver un notario, su bufete o su despacho, significa herencia o negocio que reportará ganancias.

**✙ NOTICIA.**
Retraso en una carta esperada con impaciencia.

**✪ NOVIA, NOVIO.**
Visita que dará una gran alegría.

**✙ NUDO.**
Disputa entre familia.

**✪ NUECES.**
Falta seguida de desagradables consecuencias.

**✙ NÚMERO.**
Buena suerte, tanto mayor cuanto más elevado sea el número.

**✪ NUPCIAS.**
Si soñamos con ellas, nos anuncia la llegada de un familiar o amigo con cuya visita recibiremos grandes satisfacciones. El ser invitado a ellas, ingratas noticias.

# O

✪ *OASIS.*
Temporada de descanso.

✪ *OBEDECER.*
Ascenso, aumento de salario; desobedecer, pérdida del empleo.

✪ *OBESIDAD.*
Soñar que uno mismo engorda, señal de suerte en el trabajo y en la lotería. Enflaquecer, significa todo lo contrario.

✪ *OBISPO.*
Soñar con un obispo, significa ayuda y una muy alta protección que no esperábamos.

✪ *OBLEAS.*
Es señal de que una amistad en la que mucho confía, será causa de un gran disgusto.

✪ *OBRERAS, OBREROS.*
En general pronostica un aumento de bienes.

✪ *OCA.*
Si ve en sueños una o varias ocas, es símbolo de felicidad doméstica. En cambio, si las oye graznar, indicio de dificultades, aduladores.

## ✪ ODALISCA.

Verse junto a una o varias odaliscas, es seguro augurio de un próximo amor o amistad.

## ✪ ODIO.

Soñar que se odia a alguien presagia disgustos; si en sueños se es aborrecido significa por el contrario que se hallarán personas siempre dispuestas a consolar y comprender.

## ✪ OJOS.

Alguien que ama en secreto espera una declaración de amor.

## ✪ OLAS.

Siendo unas olas imponentes las que sueña, es indicio de que debe guardarse de algún enemigo que le acecha.

## ✪ OLEAJE.

Un fuerte oleaje, augurio de que una persona que está con usted o trabaja en su negocio, puede traicionarle. Si el oleaje fuera suave, pronto conocerá a una mujer (u hombre) con la que afirmará una buena amistad.

## ✪ OLFATEAR.

Molestias y pérdidas de dinero evitados gracias a la previsión.

## ✪ OLIVO.

Reconciliación de dos enamorados.

## ✪ OLOR.

Caricias o beso dado a regañadientes.

## ✪ OLVIDAR.

Cuidado con el paraguas.

## ✪ OPIO.

Desesperación amorosa que hará buscar consuelo en los brazos de otro.

✪ *ORDEN.*
Mejorará la situación si se obedece.

✪ *ORDENAR.*
El orden y la economía conducirán al bienestar.

✪ *OREJAS.*
Si en sueños vemos unas orejas físicamente bien hechas o las tenemos nosotros mismos, augurio de éxitos. Si zumban es que se está murmurando de nosotros. Soñar con unas orejas largas, cierto aviso de alguna torpeza que vamos a cometer. Orejas cortas, procuremos no fiarnos de alguien que se dispone a engañarnos. Vernos sin orejas, luctuosas noticias por la pérdida de una persona querida.

✪ *ÓRGANO.*
Limosna de amor.

✪ *ORGÍA.*
Encontrarnos en una orgía, deberás procurar enmendarte en tu proceder, so pena de perder el amor de tu amada.

✪ *ORILLA.*
Ver a alguien, persona llena de cualidades pero irreflexiva a quien habrá que guiar como a un niño.

✪ *ORINAR.*
Muchas probabilidades de que se haga en la cama, en cualquier caso, hay que reprimir excesos.

✪ *ORO.*
En sueños, el oro no significa ni bienestar, ni paz, ni beneficio alguno. Si lo encontramos, señal de inútiles trabajos. Si lo conseguimos, grandes disgustos. En general disgustos. En general, verlo, hallarlo o poseerlo, es símbolo de tonta ambición o de reprensible avaricia.

✪ *ORTIGA.*
La ingratitud de una persona amada causará tormentos indecibles.

✪ *ORUGA.*
Persona envidiosa y fea que intentará manchar la propia reputación.

✪ *OSO.*
Imagen de la persona con quien se compartirá la vida.

✪ *OSTRAS.*
Si usted en sueños ve ostras u ostiones, los recolecta o bien los come, todo le augura buenas amistades, éxito en sus negocios y logro de capital.

✪ *OTOÑO.*
Paz interior durante la edad madura.

✪ *OVACIÓN.*
Soñar que usted es objeto de una ovación, tendrá que desengañarse en la vida real de tal manifestación de plácemes y aplausos, ya que este sueño significa todo lo contrario.

✪ *OVEJA.*
Buen presagio es soñar con ovejas, máxime si éstas son suyas. Verlas sacrificar, augurio de sinsabores y lágrimas. Una oveja negra, sola o entre el rebaño, señal de amores prohibidos de los cuales debe procurar separarse.

# P

**PABELLÓN.**

Aunque soñar con un pabellón es de mal augurio, máxime al comenzar un negocio, si usted no pierde su ánimo ante las contrariedades que pudieran surgirle, llegará a triunfar en su empresa.

**PACTO.**

Si sueña uno que hace un pacto con el diablo, es indicio de éxitos que, para su tranquilidad, debe procurar no conseguir por medios ilícitos.

**PACIENCIA.**

Al fin será recompensado este espiritu conciliador.

**PADRE, MADRE.**

Si están muertos y se ven en sueños, recuerdos de un deber olvidado.

**PADRINO.**

Se conseguirá agradar a la persona amada.

**PÁGINA.**

Declaración de amor hecha por un niño.

✦ *PAJA.*

Cuanto mayor cantidad y más bonita sea, mejor serán empleados los ahorros.

✦ *PÁJAROS.*

Alegría, felicidad en el hogar; si los maltratan, hay que cuidar mejor en los niños; hacerles daño o romperles el nido, indica que no se es amigo de los niños.

✦ *PALA.*

Descuido de un asunto que reportaría grandes beneficios.

✦ *PALANCA.*

Ayuda, préstamo que hará triunfar una empresa.

✦ *PALMERA.*

Gloria infructuosa.

✦ *PALOMA.*

Afecto correspondido.

✦ *PALPITACIONES.*

Angustia por la suerte de una persona ausente.

✦ *PAN.*

Excelente augurio, buena salud y trabajo asegurado, si es de buena calidad.

✦ *PANTALLA.*

Precaución inútil.

✦ *PANTANO.*

Nueva situación que aburrirá soberanamente.

✦ *PANTEÓN.*

Se darán cuenta de la propia valía cuando ya se esté muerto.

🖋 *PANTORRILLAS.*

Proposición amorosa.

🖋 *PAPAGAYO.*

No hay que prestar oídos a las habladurías y sobre todo no mezclarse en ellas.

🖋 *PAPEL.*

Si el papel que sueña es blanco, es señal de alegría. Si se trata de papeles de negocios, disgustos y pleitos. Papel de cartas, buenas noticas. Si el papel fuera de periódicos, dificultades inesperadas.

🖋 *PAPILLA.*

El deseo se realizará demasiado tarde, cuando ya no pueda causar satisfacción.

🖋 *PARACAÍDAS.*

Un amigo evitará que se dé un paso en falso.

🖋 *PARAGUAS.*

Pequeño regalo.

🖋 *PARAÍSO.*

Felicidad esperada en vano.

🖋 *PARÁLISIS.*

Impotencia en el amor.

🖋 *PARARRAYOS.*

Se escapará de un gran peligro.

🖋 *PARIENTES.*

Encontrarse con parientes, primos, sobrinos, etc., presagia en general buen acuerdo, cambio de buenas maneras, etcétera.

🖋 *PARÍS.*

Energía que hará triunfar.

✦ *PASAPORTE.*

Viaje al extranjero.

✦ *PASEO.*

Signo favorable para el éxito de las empresas; adelante.

✦ *PASTELERÍA.*

Ver una pastelería en sueños significa en general que se padece una fuerte tentación que puede destrozar la reputación; comer pasteles o bizcochos indica que se cometerá este disparate.

✦ *PASTILLA.*

Regalo con miras interesadas.

✦ *PASTOR, PASTORA.*

Amorío, relación agradable y sin molestias; de larga duración si se ve un gran rebaño.

✦ *PATATA.*

Los trabajos para mantener la familia numerosa hallarán recompensa.

✦ *PATINAR.*

Robustez de alma.

✦ *PATIO.*

Muy pronto habrá necesidad de cantar para subsistir.

✦ *PATO.*

Fidelidad de una persona de cortos alcances pero abnegada y desprendida.

✦ *PATRULLA.*

Asalto nocturno.

✦ *PAVA, PAVO.*

Disputa con una persona imbécil y vanidosa.

🖋 *PAYASO.*
Pereza, mala conducta y compañías que llevarán a la miseria.

🖋 *PAZ.*
Rivales que harán las paces.

🖋 *PECAS.*
Conducta improcedente que tendrá consecuencias.

🖋 *PEINE.*
Excusas, explicaciones inútiles.

🖋 *PELEARSE.*
El desenlace de la lucha dirá si se triunfará o no de las dificultades que se presenten.

🖋 *PELOTA.*
Negocio que llegará a buen fin.

🖋 *PENDIENTE.*
Promesas engañosas.

🖋 *PENDÓN.*
Reunión de sociedad.

🖋 *PENSAR.*
Es él quien piensa en uno mismo.

🖋 *PENSIONADO.*
Propósitos morbosos de un muchacho precoz.

🖋 *PEQUEÑO.*
Ver objetos que llaman la atención por su tamaño o verse uno mismo muy pequeño: atenciones.

🖋 *PERA, PERAL.*
El ahorro asegurará el porvenir.

🖋 *PERCHA.*
En un momento de apuro se hallará refugio en casa de un pariente.

### PERDER.
Encuentro de un objeto perdido o cobro de un beneficio considerable.

### PERDIZ.
Enlace con una persona hermosa, buena y amante.

### PERDÓN.
Pronto se caerá en el mismo pecado.

### PEREGRINACIÓN.
El médico recetará un medicamento contraindicado, o el farmacéutico lo preparará mal.

### PERFUMES.
Noviazgo delicioso.

### PERLA.
Conquista valiosa.

### PERMISO.
Rehusarán un favor.

### PERIÓDICO.
Alguien encontrará una historia extraordinaria y al cabo de un tiempo se enterarán de que fue una broma.

### PERRO.
Ver un perro anuncia en general, que se es objeto de un afecto sincero.

### PERSEGUIR.
Si se alcanza, triunfo de un rival. Si no alcanzan, pronostica que se vencerá a los enemigos.

### PESADILLAS.
No tienen ningún significado puesto que indican sencillamente un temperamento nervioso o bilioso-sanguíneo; en el primer caso, hay que distraerse; en el segundo, se necesita una purga.

**✦ PESADO.**
Sentirse o encontrar pesado un objeto significa obstáculo difícil de vencer.

**✦ PESCADOS.**
En general descubrimiento o herencia tanto más valiosos cuanto más grandes y numerosos sean los pescados.

**✦ PESEBRE.**
Jubiloso nacimiento.

**✦ PETACA.**
Reunión entre buenos camaradas.

**✦ PETARDO.**
Expulsión de un impertinente.

**✦ PETRÓLEO.**
El propio hijo está jugando con fuego.

**✦ PIANO.**
Jaqueca.

**✦ PICAR.**
Heridas al amor propio, atentando a la reputación.

**✦ PICO.**
Si se ha soñado un pico grande, amenazador, etc., hay que temer la opinión de los demás, porque dicen habladurías a costa de uno.

**✦ PICOTEAR.**
Amenazas contra uno, tanto más peligrosas cuanto mayor sea el número de picos y la ferocidad de los picotazos.

**✦ PIE.**
Si llaman la atención unos pies desnudos cuando son limpios o cuidados indica que las amistades son verdaderas.

**✦ PIEDRAS.**
Disgustos más o menos serios según su tamaño o cantidad.

**PIELES.**

El corazón no tendrá lo que desea; si las pieles son bonitas tendrá compensaciones monetarias; si están en mal estado, apolilladas, etc., tendrá remordimientos.

**PIERNAS.**

Hijos preciosos.

**PILA DE AGUA BENDITA.**

No se recibirá ayuda a pesar de las promesas.

**PILOTO.**

La persona que aconseja es digna de toda confianza.

**PINTAR.**

Encuentro con una persona de gran belleza y simpatía.

**PIÑAS.**

Encuentro muy agradable que tendrá feliz término si se come la fruta.

**PIOJO.**

Intrigante que intentará vivir a expensas de uno.

**PIPA.**

Reunión agradable, día de descanso.

**PISAR.**

Calumnias de un ser despreciable.

**PISTA.**

Malas amistades que conducirán a la miseria.

**PLACER.**

Remordimientos.

**PLANCHA.**

Enorme tontería.

**PLANO.**

Una idea genial librará de una situación embarazosa.

**PLANTA.**

Anuncia siempre una decepción.

**PLANTAR.**
Empresa que abrirá las puertas de la fortuna.

**PLÁTANO.**
Amigo sincero, aunque excesivamente susceptible.

**PLATINO.**
Relaciones con una persona que atesora grandes cualidades.

**PLATO.**
Boda en perspectiva.

**PLAYA.**
Placeres mundanos; si está muy concurrida, éxito en sociedad.

**PLAZA.**
Éxito tanto más fácil cuanto mayor sea la plaza.

**PLOMO.**
Se embotellará vino.

**PLUMAS.**
Ver un pájaro de bello plumaje pronostica relaciones con una persona muy coqueta pero de escaso valor.

**POBRE.**
Un amigo necesita consuelo.

**PODA.**
Ahorro que asegurará el porvenir.

**PÓLVORA.**
Ver en sueños algún explosivo pronostica la impotencia de un rival.

**POMADA.**
Cortejo.

**PONCHE.**
Sería una buena idea que se añadiera agua a todo el vino que se bebe.

**⚹ PORRA.**
El mismo significado que martillo, pero de mayor importancia.

**⚹ PORTERO.**
Una persona charlatana está espiando lo que se dice o hace.

**⚹ POSADA.**
Empresa fructífera durante el viaje.

**⚹ POZO.**
Conocimiento de una persona generosa.

**⚹ PRADERA.**
Felicidad.

**⚹ PRECIPICIO.**
El enemigo prepara una trampa.

**⚹ PREMIO.**
Desarrollo de todas las cualidades.

**⚹ PRENDA.**
Dar, recibir, cambiar una prenda, indica una fidelidad eterna.

**⚹ PRESIDENTE.**
Tiempo y dinero perdidos en caso de meterse en los negocios ajenos.

**⚹ PRESIDIARIO.**
La indiferencia o coquetería causan tormentos insufribles a una persona amante.

**⚹ PRÉSTAMO.**
Vida a costa de los demás.

**⚹ PRISIÓN.**
Uno de los amigos está sufriendo.

**⚹ PROCESIÓN.**
Fingen mucho interés por uno para esconder sus malas intenciones.

**✦ PROFETA.**

Con un poco de previsión se habría evitado un lance desagradable.

**✦ PROMESAS.**

Las que hagan no las mantendrán.

**✦ PROTECTOR.**

Una persona caritativa conseguirá una buena plaza para uno mismo.

**✦ PROVISIONES.**

Dinero depositado en la caja de ahorros.

**✦ PUENTE.**

Se trabará conocimiento con una persona encantadora.

**✦ PUERTA.**

Impedimento a tus deseos.

**✦ PULGAS.**

Espiarán por el hueco de la cerradura.

**✦ PUÑAL.**

Disputa que amenaza, traición. Si es uno mismo quien amenaza, celos.

**✦ PUÑO.**

Cólera impotente.

**✦ PURGATORIO.**

Noticia de un matrimonio de conveniencia.

# Q

**QUEJA.**
Se causará una desgracia.

**QUEMAR.**
La vista de un objeto que quema, chimenea, fogón, antorcha, etc., indica el éxito de una empresa.

**QUEMARSE.**
Propósito que se llevará a cabo a pesar de las dificultades.

**QUEPIS.**
Buena camaradería.

**QUESOS.**
Enlace con una buena ama de casa.

**QUIEBRA.**
Prosperidad, enterarse de una quiebra indica ingresos inesperados.

**QUÍMICA.**
Comprensión de los asuntos que intrigan.

**QUISCO.**
Estancia en el campo.

**QUISTE.**
Falta escondida pero que causará vivos remordimientos.

# R

✪ *RÁBANO.*
Soñar con rábanos, anuncio de próximas y gratas noticias. Comerlos, indicio de vida apacible y serena. Si la persona que sueña está enferma, pronto alivio.

✦ *RABIA.*
Si se consigue matarlo o cazarlo, pronostica que se vencerá al enemigo encarnizado que atormenta.

✪ *RAMAS.*
Pérdida de dinero, de posición o de afecto.

✦ *RANA.*
Matrimonio por dinero.

✪ *RAPTAR.*
Amor contrariado.

✦ *RAQUETA.*
Chismes por todo lo alto.

✪ *RASCAR.*
Hay que tomar un calmante.

✦ *RASTRILLO.*
Trabajo lucrativo.

✪ *RATAS.*
La persona con la que se vive, esconde dinero.

## ✦ RAYAR.

Si las rayas son derechas, se puede confiar sin temor alguno en las promesas que dan.

## ✪ RAYO.

Ver un relámpago u oír truenos presagia alguna desgracia que se puede evitar, si se es prudente. Verlo caer es más grave. Si destroza un árbol, pérdida de un buen amigo. Si produce un accidente, enfermedad mortal de un familiar. Ser alcanzado uno mismo, ruina.

## ✦ REANIMAR.

Ver a alguien resucitar indica alegría inesperada.

## ✪ REAVIVAR.

Pasión que renace.

## ✦ RECIBIR.

Enemigo desconocido.

## ✪ RECINTO.

Se es objeto de vigilancia.

## ✦ RECITAR.

Mentira que no creerán.

## ✪ RECLAMACIÓN.

Diligencias inútiles.

## ✦ RECLUTAR.

Obstáculos superados sin dificultad.

## ✪ RECOGER.

Ánimo levantado.

## ✦ RECOMENDACIÓN.

No cumplirán la promesa dada.

## ✪ RECOMPENSA.

En realidad se recibirá un premio tanto mayor cuanto más valiosa sea la recompensa señalada.

**✦ RECONCILIACIÓN.**
Pronóstico favorable para el cumplimiento de un deseo.

**✪ RECUERDO.**
Amor que acrecentará la separación.

**✦ RECHAZAR.**
El despreciado será uno mismo.

**✪ REFUGIO.**
Necesidad de auxilio.

**✦ REGRESO.**
Amor despreciado, al que se acudirá de nuevo.

**✪ REHABILITACIÓN.**
Sospechas injustas.

**✦ REHUSAR.**
Obligación de consentir; recibir una negativa, deseo satisfecho.

**✪ REÍR.**
Excelente pronóstico. Alegría indestructible.

**✦ REJA.**
Representa un obstáculo difícil de salvar.

**✪ RELIQIOSAS.**
Pena consolada, abnegación afectuosa, en especial si son hermanas de la caridad.

**✦ RELIGUIAS.**
Persona sin ningún poder que prometerá su auxilio.

**✪ RELOJ.**
Hay que emplear mejor el tiempo.

**✦ REMAR.**
En una situación comprometida, se verá de pronto la posibilidad de solucionarla.

**✪ REMEDIOS.**
Inquietudes sin fundamento.

✦ *RENUNCIAR.*
Disgusto que hará perder toda ilusión.

✪ *RESBALAR.*
Traición de la persona que dice amar; si se cae, esta traición ocasionará tan gran disgusto que puede llevar a una grave enfermedad; si no se cae, superación de esta crisis.

✦ *RESFRIADO.*
Habrá un enfriamiento entre dos enamorados.

✪ *RESISTIR.*
Obligación de ceder.

✦ *RESOLUCIÓN.*
No se mantendrá.

✪ *RESPONDER.*
Pagarán el favor con gratitud.

✦ *RESTAURANTE.*
Invitación que costará cara.

✪ *RESUCITAR.*
Paso difícil del que se saldrá más fuerte que antes.

✦ *RETOCAR.*
La perseverancia alcanzará el triunfo.

✪ *RETRASO.*
Este deseo sólo se realizará en parte.

✦ *REUMATISMO.*
Empleo o empresa que habrá que abandonar por razones de salud.

✪ *REUNIÓN.*
Noticia alarmante que pondrá en pie a toda una ciudad.

✦ *REVÉS.*
Ver alguna cosa por el revés indica que se es engañado.

✪ *REVISTA.*
En la ausencia, una persona curiosa registra la habitación.

**✦ REY.**

Por todos los sacrificios no se recibirán más que ingratitudes.

**✪ REZAR.**

Toda una oración es un pronóstico favorable en el cumplimiento del deber, satisfacción, etc., auguran diligencias y súplicas inútiles; recibir una súplica, si se concede lo que piden, augura una gran alegría.

**✦ RIDÍCULO.**

Disputa con un imbécil.

**✪ RIENDA.**

La persona que aconseja, merece toda confianza.

**✦ RINOCERONTE.**

Golpes brutales.

**✪ RIÑA.**

Afecto creciente.

**✦ RÍO.**

Disgusto superado.

**✪ RIQUEZA.**

La realidad será contraria al sueño.

**✦ ROBO.**

Inquietud infundada.

**✪ ROCA.**

Grave dificultad.

**✦ ROCÍO.**

Amor que hará olvidar todas las penas.

**✪ RODEADO.**

Se trama algo contra uno mismo.

**✦ RODILLA.**

Próxima calvicie.

**✪ ROJO.**

Presagio de una pasión ardiente.

### ROMA.
Promesa de beneficios fabulosos que esconden un engaño.

### ROMPECABEZAS.
Disturbios callejeros debido a los cuales llevarán a la comisaría.

### ROMPER.
Es anuncio de disputa.

### RONCAR.
Oír o roncar uno mismo indica insomnio.

### ROPA.
Intentarán dominar.

### ROSA, ROSAL.
Conquista de una belleza, encanto seductor en la persona que se ama.

### ROSARIO.
Diligencias y súplicas inútiles.

### RUBÍ.
Regalo de valor.

### RUGIDO.
Por propia culpa se ganará un enemigo.

### RUIDO.
Se habla a costa de uno, tanto más cuanto mayor sea el ruido.

### RUINA.
Soñar que sobreviene la ruina pronostica lo contrario.

### RUISEÑOR.
Paseo sentimental al claro de luna.

# S

**SÁBANAS.**
Si son blancas y limpias, conducta razonable; si están sucias, libertinaje.

**SACO.**
Incremento de bienes.

**SACRIFICIO.**
Abusarán de la bondad.

**SACRISTÁN.**
Un falso pobre explotará la caridad de uno.

**SACUDIR.**
Persona apática que habrá que ayudar.

**SAL.**
Reunión de personas queridas.

**SALADO.**
Jugarán una mala partida.

**SALÓN.**
Visita molesta.

**SALTAMONTES.**
Abandono después de haber devorado todos los ahorros.

**SALTAR.**
Con voluntad se triunfará de cualquier dificultad.

### ✦ SALTO.
Sorpresa desagradable.

### ☾ SALUDAR.
Reunión amistosa.

### ✦ SALVAJES.
Aman sin atreverse a declarar su amor.

### ☾ SALVAR.
Consideración pública.

### ✦ SANGRAR.
Pena del corazón.

### ☾ SANGUIJUELA.
Parásito que arrancará hasta el último céntimo.

### ✦ SANTO.
No se aleja la desgracia por dar diez céntimos a un mendigo.

### ☾ SAPO.
Persona fea y tímida que ama en secreto.

### ✦ SARDINA.
Descubrimiento de poca monta.

### ☾ SED.
Deseo insatisfecho.

### ✦ SEGUROS.
Se comportará sabiamente si transige en sus exigencias.

### ☾ SELLO.
Se ha olvidado contestar a una carta; secreto bien guardado.

### ✦ SEMBRAR, SIMIENTE.
Pronóstico excelente; se tiene todo lo necesario para triunfar en las empresas; adelante, el porvenir sonríe.

☾ *SENOS.*
Ver los propios o de otra persona, bien formados, es un excelente augurio de felicidad doméstica; si están deformados disgustos; turgentes de leche, embarazo próximo; criar a un bebé, los niños serán la alegría.

⚡ *SENTARSE.*
Amor infortunado.

☾ *SEÑOR.*
Se encontrará a alguien vestido ridículamente.

⚡ *SEÑORA.*
Gran señora, protección de una dama.

☾ *SEÑORITA.*
Amistad que acabará en amor.

⚡ *SEPARACIÓN.*
Más unión.

☾ *SEPULTURERO.*
Herencia.

⚡ *SERENATA.*
Paseo en barca.

☾ *SERMÓN.*
Durante el día pondrán a prueba la paciencia.

⚡ *SERPIENTES.*
Hay cerca personas que son indignas de toda confianza, en especial si las serpientes vistas en sueños son grandes o venenosas.

☾ *SESOS.*
Reflexiones antes de obrar o hablár.

⚡ *SEXO.*
Ver a una persona cambiar de sexo o cambiar uno mismo, presagia un enamoramiento.

☾ *SIDRA.*
Ataque de risa incontenible.

✦ *SIEMPREVIVA.*
Recuerdo que jamás se borrará.

☾ *SIERRA.*
Se pasarán unos días en compañía de una persona.

✦ *SIETE.*
Se verá algo sorprendente durante el día.

☾ *SIFÓN.*
Necesidad de tomar un vomitivo o un purgante.

✦ *SIGNO.*
Informe útil.

☾ *SILBAR.*
Mala acción.

✦ *SILENCIO.*
Una persona querida estará mucho tiempo sin escribir.

☾ *SILLA.*
Descanso.

✦ *SIMPATÍA.*
Soñar con alguna persona simpática pronostica el comienzo de una felicidad duradera.

☾ *SIRENA.*
Cuidado con una mujer extremadamente atractiva que intenta deslumbrar.

✦ *SOBRE.*
Vigilancia de un celoso.

☾ *SOBRESALTO.*
Necesidad de distracción o de socorro.

✦ *SOCORRO.*
Llevar socorro o prestar un auxilio cualquiera augura consideración pública; recibir auxilio, un amigo te ayudará.

☾ *SOL.*
Pronóstico excelente en cuanto a conquista de una posición brillante; levante: comienzo de felicidad duradera;

poniente: la vida transcurrirá en paz y en medio de la abundancia.

✦ *SOLEDAD.*
Pérdida de una persona querida, separación, abandono. Ver a un solitario, pedirán auxilio sin necesitarlo.

☾ *SOMBRA.*
Pérdida de amigo.

✦ *SOMBRERO.*
Consideración pública.

☾ *SONÁMBULO.*
Se inquieta profundamente a la persona amada.

✦ *SONRISA.*
Conquista de un corazón.

☾ *SOÑAR.*
Darse cuenta de que se está soñando, ilusión o temor mal fundados, que se disiparán.

✦ *SOPA.*
Reunión para celebrar el restablecimiento de un enfermo.

☾ *SOPLAR.*
Secreto bien guardado.

✦ *SORDO.*
Consejo que caéra en saco roto.

☾ *SORPRENDENTE.*
La realidad concordará con lo que se ha soñado.

✦ *SOSPECHAS.*
Celos infundados.

☾ *SUBMARINO.*
Vecino que intrigará con sus idas y venidas misteriosas.

✦ *SUCIEDAD.*
Malas compañías; es aconsejable librarse de ellas cuanto antes.

☾ *SUDAR.*
Miedo, trastorno.

✦ *SUEGRA.*
Promesa sin cumplir, desavenencias en el hogar, a menos que se sueñe que se pelea con ella o que se riña, en cuyo caso significa todo lo contrario.

☾ *SUEÑO.*
Confianza mutua.

✦ *SUERTE.*
Significa lo contrario.

☾ *SUFRIR.*
Amenaza una enfermedad.

✦ *SUICIDIO.*
Si se trata del propio, se está a punto de cometer una locura; si se trata de otro, el augurio se aplica a una persona que interesa.

☾ *SUPERIOR.*
Reprimenda o disputa con los jefes.

✦ *SURTIDOR.*
Vacaciones, permiso in

# T

✪ *TABACO.*
Empresa con pocas probabilidades de éxito.

❧ *TABERNA.*
Tiempo perdido en tonterías; la pereza conducirá a la ruina.

✪ *TABIQUE.*
Intentan desvelar un secreto.

❧ *TALLER.*
Pequeña herencia.

✪ *TAMBOR.*
Feria campestre, excursión.

❧ *TAPADERA.*
Se encontrará por fin zapato a la medida.

✪ *TAPAR.*
Ahorro, economía que será de gran utilidad.

❧ *TAPÓN.*
Hay que cuidar mejor el hogar.

✪ *TARAREAR.*
Pronto habrá motivo de gran regocijo.

❧ *TARJETAS.*
Amigo que piensa en un ausente.

✪ *TATUAJE.*
Conquista que dejará un recuerdo imborrable.

**TÉ.**
Período de gran actividad.

**TEATRO.**
Si se ve una representación de una tragedia, drama, etc., noticia de un acontecimiento trágico; si se trata de una comedia, noticia alegre; salir a escena, fracaso o ridículo público.

**TECHO.**
Robo en el barrio.

**TELÉGRAFO.**
En este momento están escribiendo una carta dirigida al soñador.

**TEMBLAR.**
Una persona que abusará de uno.

**TENEDOR.**
Sinvergüenza que abusará de uno.

**TEÑIR.**
Enfermedad que tendrá difícil restablecimiento.

**TERCIOPELO.**
Período de vida lleno de compensaciones.

**TERMÓMETRO.**
Pronto habrá ocasión de probar a la persona que lo pida.

**TERREMOTO.**
Bancarrota.

**TESORO.**
Gran pérdida de dinero.

**TESTAMENTO.**
Más de cien años de vida.

**TESTIMONIAR.**
Enemigo peligroso.

✪ *TIBURÓN.*
Herencia fabulosa que se esfumará por la codicia de los abogados, a menos que se asista a su captura.

✲ *TIERRA.*
Posición estable, felicidad.

✪ *TIGRE.*
Acceso de celos, si amenaza; estos celos feroces tendrán consecuencias desastrosas; si está enjaulado o cazado, no hay por qué temer, será una tempestad en un vaso de agua.

✲ *TIJERAS.*
Disputa; dadas o recibidas, riña; usadas para coser, bordar, etc., unión de familia; herir con ellas o ser herido, separación, divorcio.

✪ *TIMBRE.*
Darán con la puerta en las narices.

✲ *TIMÓN.*
La persona que da consejos es digna de toda confianza.

✪ *TIZA.*
Inconstancia.

✲ *TOALLA.*
Los colaboradores defraudarán.

✪ *TOCADOR.*
Cita; si hay alguien dentro, adulterio.

✲ *TOCAR.*
Alguien que ama lo comunicará por medio de una tercera persona.

✪ *TOMATE.*
Hastío repentino.

✲ *TORO.*
Escena familiar de gran violencia.

✪ *TORTUGA.*
Ocasión perdida por inactividad.

**TORTURA.**

Abuso de un corazón apasionado, amor que causará mil sufrimientos.

**TOSER.**

Acceso de cólera.

**TRABAJAR.**

En general pronostica felicidad en el hogar.

**TRAICIONAR.**

Una desgracia amenaza al traidor.

**TRAMPA.**

Cuidado con una persona a la que se concede exceso de poderes.

**TRAPERO.**

El desorden puede acarrear disgustos.

**TRASTORNO.**

Cambio desfavorable en la situación.

**TRÉBOL.**

Entrada de dinero.

**TRENZA.**

Recuerdo muy dulce de la persona amada.

**TREPAR.**

Éxito en una empresa, consecución de un deseo, posiblemente merced a una influencia; si se cae, bancarrota.

**TRIÁNGULO.**

Pronóstico excelente, unión duradera, amor filial.

**TRIBUNAL.**

Hallarse ante un tribunal, es indicio de que peligra nuestro trabajo o negocio y habrá de tomar las mayores precauciones.

**TRIGO.**

Cuanta más cantidad y más lozano sea su grano o espiga, tanto mayor será la consideración y fortuna que se adquirirá con el trabajo.

✪ *TRIPAS.*
Grave enfermedad de un allegado.

❤ *TRISTEZA.*
Pena consolada.

✪ *TROMPA.*
Sólida amistad.

❤ *TROMPETA.*
Declaración amorosa hecha indiscretamente y de la que todo el mundo se enterará.

✪ *TRONCO.*
Buena protección.

❤ *TRONO.*
Defunción o partida de una persona dominante; sentarse en él, presunción injustificada.

✪ *TUERTO.*
Hay espías pero nada descubren.

❤ *TULIPÁN.*
Declaración amorosa espontánea y apasionada.

✪ *TUMBA.*
Reflexiones melancólicas o un gran disgusto; al contrario, ver tumbas significa que se asistirá a ceremonias fúnebres tanto más solemnes cuanto más adornadas estén las capillas mortuorias; ver la propia tumba o estar dentro, largos años de vida.

❤ *TUMULTO.*
Cólera violenta.

✪ *TÚNEL.*
Beso sorprendido.

❤ *TURQUESA.*
Regalo que traerá consecuencias desagradables.

# U

○ *ÚLCERA.*
Remordimientos punzantes.

○ *ÚLTIMO.*
Ser el último en una competición, un desfile, etc., presagia un éxito fenomenal.

○ *UNIFORME.*
Cumplido de compromiso.

○ *UÑAS.*
Pereza.

○ *URTICARIA.*
Arrepentimiento de una falta.

○ *USURERO.*
Acreedor intratable.

○ *UVAS.*
Deseos de casarse.

# V

**✗ VACACIONES.**
Salida fracasada.

**✗ VACILAR.**
Mal síntoma, situación comprometida.

**✗ VACUNA.**
Enérgica reprimenda que quitará todo deseo de recaer en la misma falta.

**✗ VAGABUNDO.**
Niño extraviado.

**✗ VAJILLA.**
Boda en perspectiva.

**✗ VALLADO.**
Vigilancia celosa.

**✗ VAMPIRO.**
Persona intrigante y peligrosa que hará zozobrar los bienes y la salud.

**✗ VASO.**
Boda en perspectiva.

### VELA.
Meditaciones sobre el asunto.

### VELAR.
Enfermedad de un familiar.

### VELETA.
Imagen de la persona que ha robado el corazón.

### VELO.
Amor discreto.

### VENA.
Desilusión.

### VENCIMIENTO.
Trabajo aburrido, aplazado varias veces y que por fin habrá que hacer.

### VENDAJE.
Sufrimiento espiritual que hallará consuelo.

### VENECIA.
Paseo sentimental al claro de luna.

### VENENO.
Melancolía, nostalgia.

### VENGANZA.
Queriendo dañar a otros, uno se perjudica a sí mismo.

### VENTA.
Disminución de bienes.

### VENTANA.
En general, declaración.

### VENUS.
Engañarán a un envidioso.

### VERANO.
Hay que sacar partido de los días que restan, y divertirse.

🪶 *VERDE.*
Ver objetos que llaman la atención por su color verde, pronostica.

🪶 *VERDUGO.*
Signo fatal, se está expuesto a violencia.

🪶 *VESTIDOS.*
Buenas relaciones si son limpios, nuevos o en buen estado; arrugados o rotos, pérdida de fortuna por un hombre o una mujer; arreglarlos, reconciliación duradera; perderlos, disputa.

🪶 *VOLAR.*
Triunfo sobre los enemigos.

🪶 *VOLCÁN.*
Arden de amor por uno mismo.

# Y

**YATE.**

Viajar en un yate, indicio de que sufre delirio de grandeza.

**YEDRA.**

Ver la yedra que cubre las tapias o paredes, es señal de que debe aprovechar los proyectos o trabajos que le puede ofrecer un buen amigo suyo.

**YEGUA.**

Si sueñas con una yegua de buena estampa, indica que tu esposa o novia son personas buenas y agradecidas.

**YEMA.**

Si en su sueño está usted comiendo la yema de un huevo, señal de contrariedades, a menos que cambie.

**YERNO.**

Disputa en la familia.

**YESO.**

Este sueño es anuncio de noticias de familiares ausentes, las cuales no serán por desgracia muy halagadoras.

**YUGOS.**

Presagio de un matrimonio feliz, con salud y bienestar hogareño, siempre que entre los cónyuges no se cometan infidelidades.

## YUNQUE.

Ver un yunque, indicio de que el trabajo que actualmente lleva a cabo habrá de proporcionarle provecho y bienestar.

# Z

✦ *ZAFIRO.*
Magnífico regalo.

✪ *ZAMBULLIRSE.*
Desaparición de un conocido.

✦ *ZANAHORIA.*
Intentarán robar la cartera; si en sueños las zanahorias están crudas, conseguirán robarla; si están cocidas, se salvará el peligro.

✪ *ZAPATILLA.*
Necio a quien se hará creer lo que se quiera; marido infeliz y contento.

✦ *ZAPATOS.*
Indican buenos propósitos que valdrán según el estado del calzado.

✪ *ZAR.*
Confianza en la promesa que han dado.

✦ *ZARZAL.*
Obstáculos tendidos por un enemigo.

✪ *ZORRO.*

Pérdida de dinero por la mediación vergonzosa de un abogado, agente de negocios, etc.

🗡 *ZUMBIDO.*

Se habla mal de uno, pero no hay que preocuparse.

EDICION MARZO 2002
TECNOIMPRESOS
ANTONIO GARCÍA CUBAS # 112,
COL. OBRERA.